P9-AQS-845

The Gimmick Series

Gimmick I
Español Hablado

formerly titled *El Gimmick: Español Hablado*

by Adrienne

adapted by Catherine Audousset

W · W · NORTON & COMPANY

New York · London

W. W. Norton & Company, Inc., 500 Fifth Avenue,
New York, N.Y. 10110

W. W. Norton & Company Ltd., 37 Great Russell Street,
London WC1B 3NU

Copyright© 1977 by Adrienne Penner
First published in Great Britain 1977
Adopted from the French edition (Flammarion, 1975)

Copyright © 1977 by Adrienne Penner
Originally published under the title
El Gimmick: Español Hablado

Library of Congress Cataloging in Publication Data

Adrienne.
  Gimmick I: español hablado

  "Adapted from the French edition (Flammarion, 1975)."
  English and Spanish; pref. in English.
    1. Spanish language—Spoken Spanish.   2. Spanish
language—Conversation and phrase books.   I. Audousset,
Catherine.   II.   Title: El gimmick: español hablado.
PC4121.A2   468.3′4′21   77-6418

ISBN 0-393-04477-7

Printed in the United States of America
                    8 9 0

CONTENTS

PREFACE

WHAT IS THE GIMMICK?

An international vocabulary learning method

Perhaps I should begin with what the Gimmick is not. It is not a serious scholarly book. It *is* the answer to your problems in speaking and understanding Spanish — a method of acquiring an international vocabulary. There is a basic vocabulary of words and expressions which is the same in any language. If I go abroad tomorrow, I shall want to use just such material as is found in the French, German and Spanish Gimmicks. Wherever I am, I need to be able to say: 'in jail', 'it's now or never', 'he drinks like a fish', 'a cop', etc. The Gimmicks are expressly designed to supply exactly these essentials, and an internationally valid method of learning them — hence, their great success in every country in which they have appeared.

Programmed Spanish

This method depends on the arrangement of the material in progressive order of difficulty, and on the grouping of words, for it has been proved that it is far easier to learn three, four or five associated words at once than to learn them singly. So, I have grouped words which logically go together, including among them colloquial-slang expressions which are the vital element in natural everyday speech. It is up to you which word you prefer to use, and all are important for comprehension, but if you want to speak the language 'like a native', I suggest you concentrate on the colloquial usage, which is marked by*.

Learning a language as it is actually spoken is of the utmost importance in the modern language scene. Once it used to be enough to know a few elementary sentences to enable you to get by in a simple exchange with a shop-keeper or hotelier, but nowadays more and more people from both Britain and America are finding themselves in social situations when they go abroad. Their vocabulary is just not adequate. They are entirely at sea when it comes to conversing in the 'relaxed' idiom of the country. The dictionaries can't help them, seldom being up-to-date and always ignoring in their formal approach the dynamics that make a modern language 'tick'. An executive can more or less cope in business meetings limited to the technical language of his subject, but flounders helplessly in the simplest social context 'after hours'. Several years of academic study of Spanish will have resulted in his speaking the language only 'too well': to native speakers he will sound much too stiff, too yesterday, and much of what they say will pass him by.

The solution is simple: make good use of the Gimmicks, which can serve as exercise books (with or without a teacher), class books, or reference books, and are intended for students of intermediate level with a vocabulary range of 5 000+ words.

For the student

When using this book to teach yourself, choose your own pace, but stick to it till you reach the end — 50+ new words and phrases a week is a suitable amount. I have omitted all heavy grammatical explanations to give an informal, relaxed approach. The * indicates only that the word or expression is colloquial or slangy, the really colourful ones are grouped at the back of the book in a special section. As I have mentioned, this book is intended for students of intermediate level, and the fact that you may initially find it hard going just indicates how antiquated the present system of language teaching is. Don't be discouraged, fluency will rapidly come if you persist, simply because what you are learning is what you need to *use* and to *understand*. Students sometimes think their failure to understand the spoken language occurs because the Spanish speak 'too quickly'. My answer is

that a Spanish girl can say 'me dejó plantado' as slowly as
you like, but if you don't know the idiomatic meaning
(he stood me up), you will never understand. The
Gimmicks are an organized approach to this problem of
vocabulary, both in speaking and understanding.

For teachers A written test should be given after every four pages, and
supplementary exercises; dictation, debates, scene-playing,
summaries of newspaper articles, etc., are indispensable.
Beginners learn quickly, because they start from zero,
with everything ahead of them. For the more advanced
students at intermediate level, the problem is different.
Their progress is difficult both for the teacher and for
themselves to assess, and they need to make a concentra-
ted effort to increase their scope along the right lines. It
is easy to lose sight of the basic fact that not all new
words and expressions are of equal value to them. There
must be a structured framework to allow them to increase
their vocabulary usefully from whatever level they have
reached. For beginners, the first words they learn will
always include 'mesa', 'silla', 'hombre' and so on, but
there are priorities at more skilled levels which are just as
important. I have broken down the Spanish language to
allow students to continue in a similar logical progression
from a more advanced stage, and so provide the same
satisfaction in their improving vocabulary which so
pleases beginners. The Gimmicks are the first books to
offer such vocabulary programming.

The psychology of a people is reflected in the vitality of
its language, and the Gimmicks attempt to capture just
that for the student, the teacher and the translator.

VERBS

The key to any sentence is its verb, which is why an
exercise in the most common verbs in daily use for which
it is often difficult to think of the exact equivalent comes
first in this book.

An asterisk (*) denotes colloquial usage; a stroke (/), an
alternative translation; and a crossed stroke (≠), an
opposite-associated meaning. Abbreviations used are:
s.o. = someone, and stg. = something.

VERBOS

1. a. it was put off — fué aplazado/retrasado/diferido/pospuesto/ postergado/dejado/para más tarde

   b. it was called off — esto fué anulado/cancelado/suprimido

2. a. to be interested in — estar interesado en/llamar la atención = draw s.o.'s attention to

   b. I feel like . . . — tengo ganas de . . . /me apetece . . . /se me antoja . . .

3. a. leave it out! — ¡omítalo!/ ¡prescinda!/ ¡dejelo en blanco!

   b. tear it up! — romper/desgarrar/rasgar

   c. cross it out! — ¡táchalo!

   d. fill it in! — ¡llénalo!

4. to borrow from ≠ lend — pedir prestado ≠ prestar

5. a. look it over!/check it out! — ¡examínelo!/ ¡verifíquelo!/ ¡analícelo!

   b. have a look at . . . — echa un vistazo a . . .

   c. be careful . . . ! — ¡fijate en . . . !

6. a. don't laugh at me!/make fun of me! — ¡no te rías de mí!/ ¡no te burles de mí!/ ¡no te pitorrees de mí!

   b. he made a fool of himself — hizo el ridículo/se puso en ridículo

   c. to ride s.o./kid — tomar el pelo/torear a alguien/reirse de alguien

7. a. I don't care!/don't give a rap! — ¡no me importa un bledo!/*un pito/*un pimiento/*un comino/*¡a mí, plim!

   b. I'm fed up/sick of — estoy harto/hasta las narices/*la coronilla/ no puedo más/*estoy frito/*hasta el coco/

8. a. I've no free time/time off — no dispongo de tiempo/no tengo tiempo/no me sobra tiempo

   b. I'm swamped with work — estoy desbordado por el trabajo/de trabajo hasta el cuello/hasta arriba de trabajo/estoy agobiado de trabajo

   c. he's killing himself at work — se mata trabajando

   d. to work like a dog — trabajar como un condenado/un negro/*un loco/con ahinco/como una fiera

   e. ≠ to goof off — ≠ *no dar golpe/no mover un dedo/ser más vago que la chaqueta de un guardia/*no pegar ni sello/*no dar una

2

	VERBS
1. a. put/switch off (the light)	¡ápague!
b. switch on	¡encienda por favor!
2. to point out	señalar/indicar/enseñar
3. a. to be disappointed in/let down	estar defraudado por/de/decepcionado/ desilusionado de/llevarse un chasco/un desengaño
b. to be discouraged	estar desanimado/desalentado
c. to be down/depressed/low	estar descorazonado/estar deprimido/ desesperado/abatido/desalentado/tener murria = to be sad/tener tristeza/estar triste
d. to discourage s.o./get s.o. down	quitarle a uno el entusiasmo
e. ≠ that will cheer you up	≠ eso te levantará el ánimo/la moral/te animará
f. cheer up!	¡anímate!
4. a. hang on!	¡no cuelgue!
b. call me up!	¡llámame por teléfono!/telefonéame!/dame un telefonazo
c. can I call ...?	¿puedo poner una conferencia con ...?/ ¿telefonear a ...?
d. I'll put you through to ...	ahora mismo se pone ...
e. who's speaking? (on whose behalf ...?)	¿de parte de quién ...?
f. we were cut off	nos cortaron/nos interrumpieron
5. a. to shake hands	dar/estrechar la mano
b. I'd like you to meet ...	le presento a ...
6. to get up/on	subir a/montar a (caballo)
7. time's up!	¡es la hora!
8. to take cover/shelter	abrigarse/protegerse/cobijar/resguardarse/ guarecerse
9. a. to look (for)	buscar/inquirir/investigar/averiguar/indagar
b. to pick up/go for s.o.	ir por algo/a recoger a alguien
c. to find out	descubrir/averiguar/encontrar/hallar
10. I'm worn out/beat	estoy agotado/extenuado/rendido/reventado/ *molido/*hecho papilla/*hecho polvo/ quebrantado/muerto

3

VERBOS

1. a. to go out	salir
b. to have a good time	ir de juerga/de parranda
c. they're out/aren't in	están fuera/han salido/no están
d. is (Mary) in?	¿está (María)?
2. a. I agree with	estoy de acuerdo con/coincido con/estoy conforme con
b. I like it/go for it	me agrada/me gusta/me complace/me alegro de que/estoy satisfecho con
c. I dig it/it's cool/great	estoy encantado/entusiasmado/me hace ilusión . . ./*me chifla . . . me siento feliz . . ./ *estoy chocho/loco con/me enloquece . . ./
d. ≠ to hate	≠ aborrecer/odiar/detestar abominar
e. it turns me off/is crummy/ rotten	esto me da asco/me revienta/me asquea/me repele/me repugna/me da cien patadas
3. a. to be in charge of	estar encargado de/ser él responsable de/tener la responsabilidad de
b. to take care of	ocuparse de algo/etender a alguien/tener cuidado con = to be careful
c. to deal in/with/negotiate	tratar un asunto/concluir un negocio
4. a. we get on well	nos llevamos bien/entendemos bien
b. ≠ he took it badly	≠ le sentó mal/le dolió/le hirió/le sentó fatal
c. they're on the outs	se enfadaron/riñeron
5. a. to take off (clothing)	quitarse (el abrigo, etc . . .)/desnudarse/ desvestirse
b. to wear/have on	llevar/tener . . . puesto . . .
c. to cover up	taparse/arroparse/cubrirse
6. a. she can take care of herself	se las arregla bien/se desenvuelve bien/se sabe desenvolver
b. to overcome/get over . . .	sobreponerse a . . .

4

VERBS

1. a. he has a hangover	tiene resaca
b. (wine) doesn't agree with (him)	*le sienta (el vino) como un tiro/le sienta mal
c. to sleep it off	dormir la mona/el vino/*la *turca/*la borrachera/la *cogorza
d. to be drunk/soused	estar borracho como una cuba/borracho perdido/estar cocido/
e. to be tight/high	estar achispado/medio chispa/tener una melopea
f. to tie/hang one on	coger (*pillar) una merluza/*una turca/*un tablón
2. he's (she's) madly in love with/nuts about/wild about	está locamente enamorado de/ha perdido la cabeza por/se ha encaprichado de/se ha prendado de/*está chiflado por/le tiene sorbido el seso/está que bebe los vientos/ha perdido la chaveta por alguien
3. watch out! /be careful!	¡tenga cuidado!/ ¡preste atención a! / ¡cuidado!
4. a. he won hands down	ganó por mucho/venció con creces/los demás no tuvieron nada que hacer
b. to beat/win/lick	vencer/deshacer a alguien/aplastar/fulminar/ derrotar/hacer añicos/hacer polvo a alguien (moral)
5. a. he doesn't have a leg to stand on/it won't hold up	esto carece de fundamento/no tiene base/es poco convincente/no tiene sentido/no tiene ni pies ni cabeza
b. it's clear that . . .	≠ es evidente que/no cabe duda de que/ resulta evidente que . . . /está claro que/ por lo visto . . . /por supuesto . . . /
6. to pick out	elegir/escoger/seleccionar
7. a. let's talk it over	vamos a discutirlo
b. think it over!	¡piénselo! / ¡reflexione sobre ello! / ¡medítelo!
c. to think twice	pensar dos veces
8. to attack/turn on	atacar/agredir/arremeter/acometer
9. get out!	¡salga! / ¡fuera! / ¡largo! / ¡váyase! / ¡ahueque él ala! / ¡lárguese!

5

VERBOS

1. a. things are looking up	los negocios le van mejor/le va mejor en el negocio/está saliendo del bache
b. to execute/see through/ carry out	realizar/llevar a buen término a cabo/ejecutar/ efectuar/cumplir = accomplish
c. to take up/undertake	emprender
d. he succeeded in . . .	consiguió que . . .
e. to create/start	fundar/crear/establecer = to establish
f. ≠ fall through/come to nothing	≠ no dar abastos/fracasar/fallar
g. ≠ to give up/abandon	dejar/abandonar/renunciar a/repudiar a alguien = to repudiate
2. a. to take part in	participar en/tomar parte en colaborar con/ cooperar
b. to bring stg. up	poner algo sobre el tapete/sacar algo a relucir/a colación
c. to take place	ocurrir en/pasar en/suceder en
3. a. to put away/straighten up	poner en orden/arreglar/guardar/ordenar/poner en su sitio
b. to clear the table	quitar la mesa/recoger la mesa
c. to get rid of	deshacerse de/quitarse de encima/*dar el esquinazo a alguien
4. a. it turned out to be . . .	vino a ser/resultó ser . . .
5. a. to cook (prepare)	guisar/hacer la comida/cocinar
b. to cook (stew, etc.)	cocer
6. a. to shoot a film	rodar una película
b. to act/interpret a role	interpretar un papel/representar/desempeñar un papel
c. who's in?	¿quien trabaja en . . . ?
d. what's on/playing?	¿qué película echan?/¿qué dan?/¿qué ponen?
7. a. he(she, etc.) doesn't look well	tiene mala cara/aspecto
b. to get back on one's feet	reponerse de/recobrar/superar/recuperar
c. to pull through (operation)	sobrevivir
8. take/jot it down	¡anote!/ ¡apunte!/ ¡tome nota de!

6

1. a. I can't get over it	no me salgo de mi asombro
b. I was taken aback/surprised	me quedé patidifuso/patitieso/estupefacto/ atónito/apabullado/bizco/pasmado
c. the news knocked me through a loop	me sorprendió esta noticia/me quitó el hipo/ me dejó de una sola pieza/sin resuello
d. to startle s.o.	sorprenderse/sobresaltarse/asustarse
2. a. to keep/go on	seguir/persistir/proseguir/continuar
b. to keep up the pace	mantener el ritmo (paso)
c. to come true	cumplirse
d. to make believe	hacerse (el, la, las, los . . .)
3. a. to be kept back	encontrarse en desventaja
b. to be behind	estar atrasado/retrasado
4. a. I'm mixed up	me estoy haciendo un lío/no tengo las ideas claras/me confundo/me embrollo/me embarullo
b. to make a mistake	equivocarse/cometer un error/engañarse/
c. it isn't clear	no está claro/no lo veo claro
d. it doesn't sink in	no me entra/no lo entiendo/no entiendo ni pún
5. a. to clean up/wash up	limpiar/lavar/(hacer la colada = to do the wash)
b. to do the dishes	fregar los platos
6. a. to have a break down	tener una avería
b. it broke down	se nos estropeó el coche/*nos quedamos tirados en la carretera
7. a. to move out (house)	mudarse de casa/cambiar de casa
b. to settle down in	instalarse en/establecerse en
c. to establish/fix/set up in	asentarse en
8. a. to make faces	hacer muecas
b. to pull a long face	estar de morros
9. to feel sorry for	tener lástima de/compasión de/piedad de/me dan pena . . . /compadecer
10. a. to realize	darse cuenta de/caer en la cuenta de/percatarse de
b. to take into account	tener en cuenta que . . .

VERBOS

1. a. take a look at!	¡eche un vistazo a! / ¡una ojeada a! / ¡una mirada a!
b. to wink at s.o.	hacer guiños
c. to make eyes at s.o.	guiñar él ojo
2. a. I'm missing . . ./I've run out of . . .	estoy sin . . ./me he quedado sin . . ./me falta . . ./carezco de . . .
b. I miss my friends	echo de menos a mis amigos/les echo en falta
3. a. to have pull in	tener enchufe/padrino/mano/recomendación/influencia
b. to be promoted/promote	ascender/promover
c. ≠ to be demoted	≠ retroceder
4. he was run over	(un coche) le atropelló/le pilló
5. a. to take after s.o.	parecerse a/salir a/tener un aire a/tener mucho de
b. to be the spitting image of . . .	ser el vivo retrato de . . .
c. to be related to	estar emparentado con/ser de la familia de/tener algo que ver con
6. a. get in touch with me	póngase en contacto conmigo
b. we'll pass by later	iremos a visitarte/te haremos una visita/te visitaremos
c. drop in . . .	pasa . . ./*déjate caer . . .
7. to take advantage of	aprovechar
8. a. to cut down on	reducir gastos
b. to save/put away	ahorrar/economizar
c. to be up to one's ears in debt	estar acribillado de deudas
d. to pay back/get one's money	reembolsar, devolver/recobrar
9. a. to look up to	tener respeto a alguien
b. to admire	admirar a
c. to be in awe of	admirarse/asombrarse
10. a. we'll settle that later	resolveremos este asunto más tarde/nos arreglaremos más tarde
b. we'll settle up later	haremos las cuentas más tarde/ajustaremos las cuentas

8

VERBS

1. a. to stop off at	hacer escala en
b. to land ≠ take off	aterrizar/posarse/tomar tierra ≠ despegar
2. a. it depends on you	esto depende de Ud./tiene Ud. que decidirlo
b. that's your business	es asunto suyo
c. as you like	como quieras/como te parezca
3. a. try it on!	¡pruébeselo! (ensáyelo)
b. to try out	poner a prueba
c. try to (do it)	trate de (hacerlo)/intente (hacerlo)
4. a. do it over!	¡hazlo de nuevo!/ ¡vuelve a hacerlo!
b. to make a clean sweep	hacer borrón y cuenta nueva
5. what are you driving at?	¿qué se propone?/¿qué busca?/¿qué pretende Ud?/¿a dónde va a parar?
6. a. to call s.o. down/reprimand	regañar/reñir/reprender/*echar una bronca
b. to have a fit	*coger una perra/enfadarse
c. to put s.o. down/put s.o. in his place	cantarle las cuarenta a alguien/poner a alguien en su lugar/decir a alguien 4 verdades/bajarle los humos/ponerle a caldo
d. to criticize (slander)	criticar/calumniar/menospreciar/vituperar/ desacreditar a/difamar a/desprestigiar
e. to treat s.o. as the lowest of lows	moner a alguien a la altura del barro/del betún/ como un *trapo/*verde
f. to be angry	estar enfadado/furioso/airado/(molesto = annoying)
g. to be in a bad mood	estar de mal genio/de mal humor/de malas
h. to look down on s.o.	menospreciar/desestimar/desdeñar/despreciar
i. ≠ to flatter s.o./compliment	≠ hacer elogios/cumplidos/felicitar /cumplimentar/dar la enhorabuena/echar/decir piropos a chicas
7. he has no manners	está mal educado/es un mal criado

VERBOS

1. a. to see s.o. off	ir a despedir a alguien/acompañar a alguien
b. to set out	salir/ponerse en marcha/partir/emprender un viaje/marcharse
c. to take a walk/go for a walk	deambular/pasear/dar un paseo/caminar/errar/recorrer/vagar/callejear/ir por ahí/dar una vuelta/
d. to stretch one's legs	estirar las piernas
e. where are you going?	¿adónde va? / ¿qué camino lleva?/¿cual es su ruta?
f. to head for/be bound for	llevar camino de/ir con rumbo a/dirigirse a/hacia
2. a. to have to/be obliged to	hay que/es necesario/es preciso/es menester (+ inf.)/se debe (strongest)
b. must	tengo que/es necesario que/es preciso que (+ subj.)/he de
c. I ought to/should	debería . . .
d. I need	me hace falta . . ./necesito . . .
3. it's not fair to	no es justo/correcto/no hay derecho
4. a. please . . .	le ruego que/sírvase . . . = would you/haga el favor de . . ./tenga la bondad . . .
b. I don't want to put you out	no se molesto/no se tome la molestia de . . .
5. a. to be against	oponerse a/enfrentarse a/encararse con/plantar cara a/estar en contra
b. ≠ to be for	≠ estar por/ser partidario de/favorable
c. to back/be in favour of	sostener/ponerse a favor de/favorecer
d. to be ready/willing to	estar dispuesto . . ./consentir en
e. to come around to s.o.'s point of view	adoptar el criterio de alguien/admitir/estar conforme con
f. to change one's mind	cambiar de opinión/de parecer
g. to change one's tune	cambiar de actitud/de tono
6. to kill/murder (a murder)	matar/asesinar/(asesinato/homicidio)
7. a. to forbid/stop	prohibir/impedir/negar/vedar
b. to refuse	rehusar/rechazar
8. a. to obey	obedecer/acatar/(respetar = respect)
b. to accept	aceptar/acceder

VERBS

1. a. I don't remember	no me acuerdo/no lo recuerdo
b. remind me . . .	¡recuérdeme!
c. I forgot	he olvidado/se me ha olvidado . . .
2. a. to change/alter	cambiar/realizar/transformar/modificar/alterar
b. to bring on/trigger off	ocasionar/suscirar/originar/provocar/dar lugar a/causar/motivar/acarrear
3. a. to give birth to	dar a luz (un niño)/parir
b. to be born	nacer
c. I was born	nací . . . /he nacido
d. ≠ to pass away/kick off/die	≠ morir/fallecer/perecer/expirar/sucumbir/ *palmar/*estirar la pata/*espichar/*hincar el pico/*diñarla/*cascar
4. a. to be aware/up with	estar al corriente/al día
b. are you aware that . . .?/up with	¿te has enterado de . . . ?/¿estás informado de . . . ?/¿te avisaron que . . . ?
c. he knows nothing/is out	*no sabe ni jota/*ni torta/ni palabra/no tiene ni idea de/*no sabe ni mu/*ni pun
d. I don't have the slightest idea	no tengo noción de/ni idea de/no me imaginaba que . . . /no tengo la menor idea de . . ./
e. what's it about?	¿de qué se trata?
5. I warn you	estate prevenido
6. to put oneself out/stand on one's head/do everything possible	desvivirse por/deshacerse por/hacer cualquier cosa por/hacer lo imposible por/cuanto está a su alcance para/todo lo que esté en su mano para/todo lo que pueda para cuanto sea posible para . . .
7. a. to be sentenced/convicted	ser/estar condenado/(sentenciado)
b. to pick s.o. up/nab	echar mano/el guante
c. ≠ to get away	≠ evadirse/escaparse/huir/*largarse/fugarse/ poner pies en polvorosa/pirárselas
8. a. to tie in with	tener relación con/algo que ver con
b. what does that have to do with it?	¿qué tiene que ver?

11

VERBOS

1. a. don't make a fuss	no hagas una montaña de esto/no es para tanto
b. to make a mountain out of a molehill	ahogarse en un vaso de agua
c. don't worry about it!/keep cool!/don't get all excited!	¡no se preocupe!/¡no se de más vueltas!/¡no se lo tome tan a pecho!/¡no se haga mala sangre!
2. a. to have a hard time of	pasar un mal rato/pasárlas muy negras/*moradas
b. things didn't go well	lo pasó fatal/pasó las de Caín
c. to ride roughshod over s.o.	maltratar/ofender/insultar
3. can you wrap it up for me please?	¿me lo envuelve por favor?/¿me hace un paquete por favor?
4. to burn (up/down)	quemar/arder/abrasar/ser pasto de las llamas
5. a. to stick one's nose in	aportar su granito de arena/poner su granito de arena
b. that doesn't concern you	esto no te incumbe/no te importa
c. mind your own business!/ it's not your affair!	¡no metas las narices en esto!/¡no te metas donde no te llaman!/¡no te metas en casa ajena!/¡en la camisa de once varas!
6. a. to age	envejecer/encanecer
b. . . . . it makes you look older	. . . te hace mayor/te envejece
c. to ramble on	chochear
d. ≠ (this dress) makes you look ten years younger	≠ (este vestido) te quita diez años de encima
7. to vomit/throw up	echar una vomitada/*la primera papilla/la última papilla/vomitar/devolver
8. to stuff oneself	tragar/*llenarse el buche/comer a dos carrillos/ponerse como el Quico/el pepe/*morado/*tibio/engullir/pegarse una gran panzada/*hincharse la barriga
9. to stand in line/queue up	hacer cola/guardar cola
10. a. break (off)	romper
b. to separate	separarse
c. ≠ to make up	≠ reconciliarse/hacer las paces
11. to inherit	heredar
12. to look on to (garden, etc.)	dar a (jardín, etc.)

VERBS

1. he's a goner/his number's up	está listo/perdido/*frito
2. a. to build up	fortificar/construir/consolidar/fortalecer
b. ≠ to be destroyed/wiped out	≠ ser destruido/barrido por
3. to run into s.o./meet	encontrarse con/topar con/tropezar con/ encontrar por casualidad/por azar/*por chiripa
4. to register	inscribirse/apuntarse/matricularse/registrarse
5. to cut out (articles)	recortar (artículos)
6. a. to allow	permitir/autorizar/conceder/consentir
b. to yield	ceder
7. to match s.o./come up to s.o.	estar a la altura de alguien
8. a. it's going like clockwork	va que arde/va como la seda/sobre ruedas
b. ≠ it isn't working	≠ *no pita/no va/no marcha/no funciona/ no conviene
c. to fail/fall through	fracasar/desbaratarse/irse a pique/al agua/fallar
9. a. to make/produce/manufacture	fabricar/producir/confeccionar/hacer
b. to construct	construir/edificar
10. to use up (gas)	consumir/gastar (gasolina)
11. a. to take to s.o.	simpatizar/encariñarse/congeniar/hacer buenas migas
b. I take to him/dig him/	me cae bien/me cae simpático
c. ≠ he's not for me/turns me off	≠ le tengo manía/*me cae gordo/mal/*fatal/ *le cojo tirria
12. a. to stick to one's word	ser de palabra/mantener su palabra
b. ≠ not to stick to one's word/	≠ no tener palabra/cumplir (con) su palabra/ echarse atrás/rajarse
13. to wait on s.o./serve	servir/atender (en una tienda)
14. a. to persevere	perseverar/persistir
b. to maintain	mantener
c. to hold good	mantenerse en pie
15. a. to hang (thing)	colgar de/pender/suspender
b. to hang (person)	ahorcar
16. to slip	resbalar/deslizar

VERBOS

1. a. to take on/hire . . .	contratar/reclutar/dar trabajo a . . .
b. ≠ to fire/lay off/discharge (from army)	≠ despedir a alguien/despachar/*poner de patitas en la calle/echar/licenciar (ejército)
2. to figure out	esclarecer/descifrar/aclarar
3. to stand out	distinguirse/sobresalir/destacarse/resaltar
4. a. to have confidence in	tener confianza en/fiarse de/confiar en
b. to believe in	creer en/tener fe en
5. a. is there room/a place?	¿hay sitio? /¿se puede hacer un sitio?
b. move over!	¡correte!
c. to move away	alejarse
d. to be packed	estar lleno hasta los topes/hay llenazo/estar abarrotado/de bote en bote/atiborrado/hasta la bandera
6. a. to rob/swipe	robar/hurtar/despojar/birlar/saquear/sisar
b. to cheat (game)	hacer trampas
7. to be grateful	estar agradecido/reconocido _
8. a. to get even	vengarse/tomar la revancha
b. to have a bone to pick with s.o.	tener una cuenta pendiente con/un asunto pendiente con/un asunto que saldar con/que zanjar con
c. I'll get mine in	nos veremos las caras
d. you'll pay for it	me las pagarás
e. I have it in for him	le tengo hincha/guardada/atravesado/ atragantado/se la guardo/se la tengo jurada/ le tengo inquina/*manía
f. to bear a grudge	guardar rencor/tener ojeriza a alguien
9. a. to fall asleep	dormir/dormirse/adormecerse
b. to take a nap	sestear/estar adormilado/echar una cabezada/ dormitar
c. to go to bed	acostarse/echarse/tumbarse
10. a. to begin/start	empezar/comenzar/iniciar/principiar/ emprender
b. ≠ to finish/knock off	≠ acabar/terminar/concluir/finalizar/rematar

VERBS

1. a. to be used to	tener la costumbre de/el hábito/suele . . .
b. to pass down (customs, etc.)	transmitirse/perdurar
2. a. to faint/pass out	desmayarse/desvanecerse/perder el conocimiento/el sentido/*dar un patatús/ *caerse redondo
b. ≠ to bring s.o. to	≠ reanimar
c. they brought him to	le hicieron volver en sí
3. a. be still!	¡estate quiento!
b. shut up!/hush up!	¡cállese! / ¡silencio! / ¡cierre el pico! / ¡chitón! / * ¡échese la cremallera! / ¡punto en boca!
4. a. I have a date/appointment	estoy citado/tengo una cita
b. to make an appointment	concertar una cita/citar a alguien
5. to choke	asfixiar/ahogar/sofocar
6. . . . needed/. . . wanted	se necesita/se solicita/se busca . . ./se presisa . . .
7. it's worth it	merece la pena/vale la pena
8. just for kicks	solo por divertirse/en broma
9. to boast/put on airs	hacer alarde de/fanfarronear/hacer ostentación /darse pisto
10. a. to have the knack/gift	tener disposición para/el don de/la habilidad de/aptitud para
b. to be gifted	ser experto en/ducho en
11. to be overcome by	se le hizo un nudo en la garganta/la emoción le embargó/le invadió
12. what are you up to? /what's going up?	¿qué estás haciendo?/¿tramando?/¿maquinando?
13. to slow down	reducir/disminuir/aminorar (la velocidad)
14. it's my turn	a mí me toca . . .
15. to imitate/mimic	imitar/simular/copiar
16. to shrink ≠ enlarge	encoger/estrechar/arrugarse ≠ alargarse
17. a. to tip-toe	andar de puntillas/a gatas = to crawl/ arrastrarse/reptar/trepar = climb/slide = deslizar
b. to tread on/stamp on	patalear/patear

15

TO BE

In Spanish the verb 'to be' may be translated either by 'ser' or 'estar'. Since the choice between them presents one of the chief difficulties for students of the language, I have devoted this separate exercise to it. A loose rule to follow:

    estar = temporary state (sick, tired, date, condition)

    ser   = fixed state (nationality, colour, intrinsic quality, etc.) + passive case (hour).

In this exercise
(a) fill in what you can in the second column
(b) fold the page back to check the answer
(c) read the translation of the sentence for further clarification.

TO BE

1.	to be tired	¿Cómo − − − él? / − − − muy cansado.
2.	to be nice	¿Cómo − − − éste chico?
3.	to be at home	¿ − − − tu padre en casa?
4.	what is it?	¿ − − − − un toro o una vaca lo que vimos?
5.	to be ill	Mi amigo − − − malo.
6.	to be naughty	Mi hermano − − − malo.
7.	to be a child	Cuando − − − pequeño íbamos al monte cada verano.
8.	it is . . .	Esa − − − una pregunta tonta.
9.	to be ripe	Los plátanos − − − verdes todavía.
10.	to be + colour	Los plátanos maduros − − − amarillos.
11.	to be + ing	No haga ruido tu padre − − − durmiendo.
12.	to be difficult	− − − difícil encontrar otro igual.
13.	to be glad	− − − muy contentos de verle otra vez.
14.	to be happy	¿ − − − feliz en tu niñez?
15.	to be there	No se preocupe, allí − − −.
16.	to be possible	No creo que − − − possible hacerlo.
17.	to agree	−− − − o no conforme, así lo haré.
18.	to be nice (taste)	¿ − − − bueno el pastel?
19.▸	to be able to	¿ − − − capaz de negar?
20.	to be fed up	− − − harto de esperarla.
21.	to be small	Elvira − − − una chica pequeña.
22.	to be + past participle	¿ − − − hecho el trabajo?
23.	what's the time?	¿Qué hora − − − ?
24.	that's good !	¡ − − − bien !
25.	it is for . . .	Este vestido amarillo − − − para Cuca.
26.	to be + a number	En un equipo de futbal − − − 11.
27.	to stand up	Todos los niños − − − de − − − esperando al profesor.
28.	to be (nationality)	María − − − americana.

SER Y ESTAR

1.	está cansado (estar)	How is he? He's very tired.
2.	¿cómo es . . . ? (ser)	Is this boy nice?
3.	¿estar en casa?	Is your Dad in?
4.	¿qué es . . . ? (ser)	Was it a bull or a cow, that we just saw?
5.	está malo (estar)	My friend is ill.
6.	es malo (ser)	My brother is naughty.
7.	. . . era pequeño . . . (ser)	When I was a child we used to go to the mountains every summer.
8.	. . . es . . . (ser)	It is a stupid question.
9.	. . . están maduros, verdes	The bananas are not ripe yet.
10.	. . . son (ser)	Ripe bananas are yellow.
11.	. . . está durmiendo (estar)	Don't make a noise, your Dad is sleeping.
12.	es difícil (ser)	It's difficult to find the same one.
13.	estamos . . . contentos . . .	We are glad to see him again.
14.	fuiste feliz . . . (ser)	Were you happy as a child?
15.	estar aquí, allí	Don't worry I will be there.
16.	. . . sea posible . . . (ser)	I don't think it is possible to do it.
17.	estes conforme, de acuerdo (estar)	Whatever you may say, I will do it this way.
18.	¿está bueno? (estar)	Is this cake good?
19.	¿serías capaz . . . ? (ser)	Could you deny it?
20.	estoy harto (estar)	I am fed up waiting for her.
21.	ser pequeño	Elvira is not very tall.
22.	¿está hecho . . .? (estar)	Is the work done?
23.	¿qué hora es? (ser)	What's the time?
24.	está bien (estar)	That's good.
25.	es para . . . (ser)	The yellow dress is for Cuca.
26.	. . . son II (ser)	They're eleven on the football team.
27.	estar de pie	All the children are standing up, waiting for the teacher.
28.	es (ser)	Mary is American.

TO BE

1.	to be broke	Pilar — — — sin dinero.
2.	to be good (quality)	Esta película — — — muy buena.
3.	what's today's date?	A cuento — — — hoy?
4.	it's Thursday today.	Hoy — — — jueves.
5.	it's summer	Ahora — — — en verano.
6.	once upon a time . . .	— — — una vez . . .
7.	to be young	Mi abuela — — — más bien joven.
8.	to take place	¿Donde — — — fuego?
9.	not to feel like/not in the mood . . .	No — — — como para ir a cine ahora.
10.	to be daytime	— — — de día.
11.	to travel/go on a trip	Mi director — — — de viaje.
12.	it's mine	— — — mío.
13.	that's enough!	¡Ya — — — bien!
14.	two and two are . . .	Dos y dos — — — cuatro.
15.	to be keen on	Paco — — — — — Marisa.
16.	it's off	La luz — — — apagada.
17.	it can't be	No puede — — —
18.	to be made of wood, etc.	Aquella casita — — — madera.
19.	I'm like that . . .	Yo — — — así.
20.	to be empty	Hoy el teatro — — — vacío.
21.	it's as new . . .	Este vestido — — — viejo, pero — — — como nuevo.
22.	to be ready	— — — todos listos.
23.	to be clever	Andrés — — — muy listo.
24.	to be nervous	Pepe — — — muy nervioso.
25.	to be a doctor, etc.	José Luis — — — médico.
26.	it's here	E — — — aquí.
27.	this drink is hot	Esta bebida — — — caliente.
28.	to be done by	Esta casa — — — construida por mi hermano.
29.	to be done (over, etc.)	La casa — — — construida.

SER Y ESTAR

1.	estar sin	Pilar is broke.
2.	es . . . buena (ser)	This film is very good.
3.	. . . estamos (estar)	What's today's date?
4.	. . . es jueves (ser)	Today is Thursday.
5.	. . . estamos en verano (estar)	It's summer.
6.	érase una vez . . . (ser)	Once upon a time . . .
7.	. . . es joven (ser)	My grandmother is rather young.
8.	fué . . . (ser)	Where did the fire take place?
9.	. . . estar como para . . .	I'm not in the mood to go to the movie now.
10.	. . . es de día (ser)	It's daytime.
11.	estar de viaje	My manager went on a trip.
12.	. . . es mío (ser)	It's mine.
13.	ya está bien (estar)	That's enough!
14.	dos y dos son . . . (ser)	Two and two are four.
15.	estar por . . .	Paco is keen on Marisa.
16.	está apagada (estar)	The light's off.
17.	no puede ser	It can't be.
18.	ser de	This cottage is made of wood.
19.	soy así (ser)	That's how I am.
20.	está vacío (estar)	The theatre is empty today.
21.	. . . es viejo/está como nuevo	This dress is old, but it looks new.
22.	estamos listos (estar)	We're all ready.
23.	es listo (ser)	Andrew is very clever.
24.	. . . es muy nervioso (ser)	Pepep is a very nervous child.
25.	es médico (ser)	José Luis is a doctor.
26.	es aquí (ser)	It's here.
27.	. . . está caliente (estar)	This drink is hot.
28.	es construida por (ser)	My brother is building this house.
29.	está construida (estar)	The house is built.

20

VOCABULARY

Since it is easier to learn three to six words which are associated with one another, rather than memorizing one at a time separately, the words in this vocabulary section have been carefully arranged in groups.

Fill in the second, third and fourth columns according to the given symbols,

   — = in the second column a translation, in the third column either a synonym or a related word, and in the fourth a word with the opposite association.

   / = in this vocabulary section only, an indication that the same word can have two or more totally different meanings.

When you have filled in as many as you can, turn the page and check the key. As always, an asterisk (*) indicates colloquial usage. The abbreviation pej. = pejorative, i.e. used in a disparaging sense.

VOCABULARY

	TRANSLATION	SYNONYM	OPPOSITE-ASSOCIATED
1. ¡estupendo!	– –	– – – –	– – –
2. una estrella	/ /	/ –	/ –
3. *tonto		– – – –	– – –
4. hacer vela	–		
5. una revista		–	
6. pedir prestado		–	–
7. jurar		– – –	–
8. según		– – –	– –

VOCABULARIO

	TRADUCCION	SINONIMO	OPUESTO ASOCIADO
1. ¡estupendo!	great!, cool!, fantastic!	¡magnífico!, ¡fenomenal!, ¡qué bien! , ¡fantastico! , ¡fabuloso! , ¡genial!, ¡maravilloso!	muy mal, es un asco, una *porquería, un desastre, horrible, fatal
2. una estrella	/a star (theatre), /star (sky)	/protagonista, papel principal = leading part	/papel secundario = minor role, segundón
3. *tonto	dumb, jerk, fool, dunce, dimwit, nitwit, dumbell, goof, nincompoop, lamebrain, moron, jughead, brainless, dud, clot	*idiota, pasmado, pasmarote, tontaina, *lelo, *chalado, burro, imbécil, cateto, *tonto de capirote, corto, zote, bobo, retrasado mental, *chiflado zoquete, cerrado, torpe, *majadero, *papanatas, *alcornoque, embotado, obtuso, *tiene la cabeza llena de serrín	tiene una gran cabeza, es un cerebro, es listo = clever, diestro, vivo, inteligente, superdotado, despierto, avispado
4. hacer vela	to sail	un barco = ship, un yate = a yacht, una barca = boat	
5. una revista	a magazine	un periódico = newspaper, la prensa = press, un periodista = reporter	una novela = novel, una novela corta = short story
6. pedir prestado	to borrow	solicitar	prestar = lend
7. jurar	to swear (soltar tacos = to curse)	certificar, asegurar, afirmar = assert	no comprometerse = not to commit oneself
8. según	according to ≠ contrary	con arreglo a, de acuerdo con, conforme a, con	opuesto a, contrario a

VOCABULARY

	TRANSLATION	SYNONYM	OPPOSITE-ASSOCIATED
1. en esta forma		– – – –	–
2. /la cárcel/la *poli	– –	/ – – / – –	– –
3. /se percató/ /descrito	– –	/ – – – – / – –	
4. permanecer		– – –	– – –
5. una maleta		–	
6. empujar		– –	– – –
7. /alcanzar /triunfar	– –	/ – – – / – – –	– – –
8. arriba	/ /	/ – / –	–
9. chantaje		– –	
10. recientemente		– – –	– –
11. un cuento		– – –	–

25

VOCABULARIO

	TRADUCCION	SINONIMO	OPUESTO ASOCIADO
1. en esta forma	in this way (medios = means)	así, de esta manera, en este sentido, algo así, de este modo	de ninguna manera
2. /la cárcel/la *poli	/prison ≠ free /cops (forced labour camp = presidio)	/la prisión, *chirona, a la sombra = in the clink, calabozo, entre rejas = behind bars, penal/*un gris, *un verde	en libertad, libre como un pájaro
3. /se percató /descrito	/he noticed /depicted	/se dió cuenta, cayó en la cuenta, se fijó, se enteró, notó, advirtió /esbozado, trazado	
4. permanecer	to stay	quedarse, estar, mantenerse	macharse, irse = to go away, largarse
5. una maleta	a suitcase	el equipaje = luggage, un baúl = a trunk, el bolso = a bag	
6. empujar	to push ≠ pull	impeler, impulsar	tirar, parar, detener = stop
7. /alcanzar /triunfar	/to manage, succeed ≠ fail /to win	/lograr, conseguir un éxito, acertar /vencer, ganar, tener éxito	fracasar, fallar, une derrota = a defeat
8. arriba	/upstairs/long live	/en lo alto, en la cumbre, /iviva . . . !	/abajo = downstairs
9. chantaje	blackmail	chantajear, extorsionar = to extort	
10. recientemente	recently ≠ a long time ago	hace poco, última- mente, no hace mucho	hace mucho, antes
11. un cuento	a tale	un relato, una narración, una historieta	un hecho cierto = a fact

VOCABULARY

	TRANSLATION	SYNONYM	OPPOSITE-ASSOCIATED
1. estoy enfadado		– – –	
2. atár		– – –	– – –
3. marchitar		– –	– –
4. /fuente/muñeca /codo/hombro	– – – –		
5. /precipitarse/de prisa	– –	/ –	– –
6. agrio		– –	–
7. una cartera		– –	
8. una pesadilla		/	
9. estoy cansado		– – –	–
10. un lugar		– –	
11. /miedo/tengo miedo/me da apuro	– – –	/ – – – – / – – – – / – –	– – – –

VOCABULARIO

	TRADUCCION	SINONIMO	OPUESTO ASOCIADO
1. estoy enfadado	I'm angry	estoy enojado, fuera de mí, irritado	
2. atár	to link, tie ≠ to undo, untie	ligar, unir, pegar = to glue, juntar = join	desatar, desliar, despegar, desligar, apartar = separate
3. marchitar	to wither, fade ≠ bloom	ajar, agostar	florecer, fresco = fresh, rozagante = in bloom
4. /fuente/muñeca /codo/humbro	/forehead/wrist /elbow/shoulder		
5. /precipitarse/de prisa	/to hurry ≠ to take it easy /fast, quickly ≠ slowly, slow as molasses	/darse prisa, correr = to run, volar = to fly, * ivete pitanto! = hurry up ≠ rápido, presto	/andar con calma, sin prisa, demorarse /despacio, lento, como una tortuga
6. agrio	sour, bitter	amargo, picante, ácido = acid	dulce = sweet, soso = plain
7. una cartera	a wallet	billetera, portamo- nedas, monedero = purse	
8. una pesadilla	a nightmare	soñar = dream, un sueño = a dream	
9. estoy cansado	I'm beat, exhausted, tired (el cansancio = fatigue)	estoy reventado, deshecho, *molido, *hecho papilla, *polvo	to be rested = estar descansado
10. un lugar	a place	un sitio, el rincón = corner	
11. /miedo/tengo miedo/me da apuro	/fright (me dió un susto = he frightened me)/I'm frightened, afraid ≠ to dare/I'm game	/terror, pánico espanto, sobresalto = start/estoy asustado, espantado, tengo temor,*canguel, me temo que = I fear/no me atrevo, me da vergüenza	coraje, temple, valor, de sangre fría, el ánimo = courage, atreverse, ser valiente, osar, me atrevo, me arriesgo

VOCABULARY

	TRANSLATION	SYNONYM	OPPOSITE-ASSOCIATED
1. el resultado		– –	
2. con mucho gusto		– – –	– – –
3. le desafío		– –	
4. el borde		– –	
5. /matar/una pistola	– –	/ / –	
6. un testamento		–	
7. /alquilar/hipotecar/amueblado	– – –	/ – – / –	– –
8. / iqué barbaridad! / icaramba!/ iJesús!	– – –	/ – / – – – –	
9. estricto		– – – –	–
10. restregar		– – –	
11. dócil		– – – –	– – –
12. /un viaje/una ida	– –	/ – – –	–
13. soy competente		– – – –	–

29

VOCABULARIO

	TRADUCCION	SINONIMO	OPUESTO ASOCIADO
1. el resultado	the outcome, result	consecuencia, secuela	
2. con mucho gusto	with pleasure ≠ reluctantly	con placer, de todo corazón, ¡cómo no!, de buena gana	a disgusto, con desgana, a regañadientes
3. le desafío	I challenge you	le reto a Ud., le apuesto que . . . = I bet	
4. el borde	the edge	la orilla, la linde, la ribera = bank	
5. /matar/una pistola	/to kill (ahorcar = to hang)/a gun	/asesinar = murder, fusilar/un fusil, una metralleta, ametralladora	salvar = to save
6. un testamento	a will	herencia = inheritance, heredero = heir	
7. /alquilar/hipotecar/amueblado	/to rent/mortgage/ furnished	/arrendar, el alquiler = rent, el inquilino = tenant /equipado	/vender = to sell/ desamueblado
8. / ¡qué barbaridad! / ¡caramba!/ ¡Jesús!	/what a bore!, a pain!/ goodness!, Jesus!, gosh!/my goodness! God bless you	/ ¡qué espanto!/¡rediez! ¡Dios mío!, ¡diablos! ¡diantres!, ¡Dios santo!, ¡no puede ser verdad!	
9. estricto	strict ≠ lax	exacto, rígido, firme, severo, riguroso	laxo, mimar = to spoil, malcriar = to bring up badly
10. restregar	to rub	frotar, rascar, refregar	
11. dócil	meek ≠ wild	obediente, manso, sumiso, apacible, suave, domesticado, domado = tamed	salvaje, violento, rudo, una fiera = a wild animal
12. /un viaje/una ida	/a trip (un mapa = a map)/one-way ticket	un trayecto, un camino, un paseo = a walk	ida y vuelta = return ticket
13. soy competente	I'm talented	capaz, dotado, mañoso hábil	torpe = clumsy

VOCABULARY

	TRANSLATION	SYNONYM	OPPOSITE-ASSOCIATED
1. una finalidad		– – – –	
2. mayor	/ /	/ –	–
3. duro	/ /	/ – –	–
4. no me hace caso		– –	– –
5. /paraíso/ángel	– –	– –	–
6. el parecido		– –	–
7. /estar al día /estar de moda	– –	/ – / – – – / – –	– –
8. /ladrar/un gatito /un perrito /morder	– – – –	/ – / –	–
9. tomar medidas	–	–	–
10. /una solterona /un matrimonio	– –	–	
11. trabajar media jornada	–	–	
12. /encargado/una fábrica/la plantilla /un obrero	– – – –	/ – – / – – / – / – –	– –

VOCABULARIO

	TRADUCCION	SINONIMO	OPUESTO ASOCIADO
1. una finalidad	an aim, goal, target	un fin, meta, propósito, objetivo	
2. mayor	/main/the eldest	/principal	/menor
3. duro	/hard/cinco pesetas	/consistente, pesado = heavy	ligero = light, flojo
4. no me hace caso	he doesn't pay attention to me	no tener en cuenta = not to take into account, ignorar	enterarse de, hacer caso, me atiende bien, se ocupa de mí
5. /paraíso/ángel	/heaven/angel	cielo, gloria	infierno = hell, demonio = diablo = devil
6. el parecido	similarity	similitud, semejanza	diferencia
7. /estar al día /estar de moda	/to be with it, up to date/to be a fad, craze	/estar a la moda/al corriente, al tanto, enterado/se lleva, hace furor	/estar atrasado, pasado de moda = old fashioned
8. /ladrar/un gatito /un perrito /morder	/to bark/a kitten/a puppy/to bite	/minino/cachorro (un mordisco = a bite) gruñir = to growl	/maullar = miaow
9. tomar medidas	to take measures	prever = foresee	imprevisión = oversight
10. /una solterona /un matrimonio	/an old maid/a married couple	soltera = spinster, una pareja = couple, un lío = couple living together	casada = wife
11. trabajar media jornada	part-time work ≠ full time	medio día	a tiempo completo, a destajo
12. /encargado/una fábrica/la plantilla /un obrero	/foreman/factory /staff/worker	/responsable, jefa /una empresa, entidad = firm/la nómina = payroll/un oficial, un peón, operario, capataz	empleado, un oficinista, un ejecutivo = executive

VOCABULARY

	TRANSLATION	SYNONYM	OPPOSITE-ASSOCIATED
1. /el vestido/las medias/el traje /un vaquero/el leotardo	– – – – –		
2. me opongo a	–		– –
3. retraído		– – – –	– – – –
4. desordenado		– – –	– – –
5. /el plato /el platillo	– –		
6. renunciar		– – –	– –
7. /hacer huelga /sindicato/un huelgista	– – –	/ – / – – –	
8. rasgos		– –	
9. gentío		– – –	
10. estamos listos		– – –	
11. esto me agrada		– – – –	–
12. /casarse/colocarse		/ – – / – –	– –
13. permitir		– – – –	–

33

VOCABULARIO

	TRADUCCION	SINONIMO	OPUESTO ASOCIADO
1. /el vestido/las medias/el traje /un vaquero/el leotardo	/dress/stockings/a suit/jeans/tights	una falda = skirt	desvestirse = to undress, desnudarse
2. me opongo a	I'm opposed to	me niego	a favor de, de acuerdo con, abundar en
3. retraído	shy ≠ bold, outgoing	tímido, apocado, timorato, pusilánime	audaz, intrepido, temerario
4. desordenado	sloppy ≠ neat	confuso, desarreglado	arreglado, ordenado
5. /el plato /el platillo	/a plate/saucer	taza = cup, la fuente = the dish	
6. renunciar	to give up ≠ go on	abandonar, dimitir = to quit	seguir, proseguir
7. /hacer huelga /sindicato/un huelgista	/to strike/union/a striker	/pararse/asociación agrupación, sociedad	
8. rasgos	features	facciones, aspectos	
9. gentío	crowd, mob	muchedumbre, multitud, hay mucha gente, abarrotado = crowded	
10. estamos listos	› we're all set	dispuestos, preparados	
11. esto me agrada	I like it	me encanta, se complace, me gusta, me hace ilusión	estoy harto = I'm fed up
12. /casarse/colocarse	/to wed ≠ to divorce/to settle down	/contraer matrimonio, nupcias/ /instalarse, situarse	divorciar, desunir, separarse, viudo = widower
13. permitir	to allow	autorizar, conceder, consentir, acordar, dejar = to let	prohibir = to forbid = vedar = impedir

34

VOCABULARY

	TRANSLATION	SYNONYM	OPPOSITE-ASSOCIATED
1. /un testigo/dar fe /una prueba/un pleito/un juez	– – – – –	/ – – / – / – –	
2. temporal	/ /	/ – – – – / –	
3. falso		– – –	– – –
4. puntiagudo		– – – –	–
5. cómodo		–	– –
6. la ventaja		– – –	– –
7. pegar	/ /	/ – – – –	– – –
8. no entiendo		– –	–
9. de buen humor		– –	– –
10. limitado a		– – –	–
11. ocupado		– –	–

VOCABULARIO

	TRADUCCION	SINONIMO	OPUESTO ASOCIADO
1. /un testigo/dar fe /una prueba/un pleito/un juez	/a witness/to witness /proof or a test, trial /a lawsuit/a judge	/testimoniar, atestiguar (un testigo ocular = eye witness)/una evidencia (en suspenso = in abeyance)/vista pública, proceso	
2. temporal	/temporary/storm	/provisional, efímero, precario, por un rato /tormenta	duradero = lasting
3. falso	fake, false ≠ real, true	erróneo, equivocado, inauténtico	verdadero, veraz, verosímil
4. puntiagudo	sharp (things) ≠ blunt	agudo, aguzado, punzante, afilado	romo
5. cómodo	comfortable	agradable	molesto, incómodo
6. la ventaja	the advantage ≠ disadvantage	el beneficio, provecho = profit	la desventaja, el inconveniente
7. pegar	/to stick, glue/to strike, hit s.o. (una patada = a kick)	/una tunda = zurra = paliza = manta de palos = a good belting, una bofetada = sopapo = torta = a slap, una palmada = spanking, una chuleta = smack, un puñetazo = punch	una caricia = a caress, hug = abrazo
8. no entiendo	I don't understand	/no comprendo, estoy confundido, perder el hilo = to lose track	está claro, lo he cogido, I get it = *ya caigo
9. de buen humor	in a good ≠ bad mood	contento, satisfecho, feliz = happy, alegre = merry, caprichoso = moody	de mal humor, mal humorado
10. limitado a	limited to ≠ enlarge	restringido, resumido, reducido	ampliado
11. ocupado	busy	atareado, desbordado	libre, ocioso = idle

36

VOCABULARY

	TRANSLATION	SYNONYM	OPPOSITE-ASSOCIATED
1. ino me digas!		– – –	
2. arrugado	/ /	/ –	
3. /avanzado/sueldo /los ingresos	– – –	/ – / – / –	– –
4. artimaña		– – – –	
5. novedad		– –	– – – –
6. ia pasarlo bien!		– –	
7. la aurora		– –	–
8. lindo		– – – –	–
9. las afueras		– – –	–
10. /Ud. se equivoca /fallo	– –	/ – – / –	– –
11. inmenso		– – – –	– – –
12. /una ojeada/ ia ver!	– –		– –
13. rebuscado		– –	–
14. /cordero/potro /cabra/ternero	– – – –	–	

VOCABULARIO

	TRADUCCION	SINONIMO	OPUESTO ASOCIADO
1. ino me digas!	I don't believe it!, you're kidding!	¡increíble!, ¿de veras? ¿de verdad?	
2. arrugado	/wrinkled/rumpled	/plegar = to crumple	liso = smooth
3. /avanzado/sueldo /los ingresos	/promoted ≠ demoted /a wage /income	/adelantado/honorarios = fees, el salario = jornal = wages/las rentas	/retrógrado, retrasado
4. artimaña	a trick, a ruse, a trap	astucia, engaño, amaño, ardid, triquiñuelas, truco	
5. novedad	novelty	suceso, inovación	antigüedad, anticuado, antigualla = old stuff
6. ia pasarlo bien!	have a good time!	¡qué se diviertan!, ¡qué lo pasen bien!	
7. la aurora	dawn ≠ dusk	el alba, el amanecer = daybreak, la madrugada = early morning	el crepúsculo, entre dos luces = twilight
8. lindo	pretty, beautiful ≠ ugly	bello, hermoso, guapo, bonito, majo	feísimo, atroz, feo
9. las afueras	suburbs	los exteriores, el barrio periférico, el suburbio	el casco urbano = downtown
10. /Ud. se equivoca /fallo	/you're mistaken ≠ correct /error	/comete un error, no está en lo cierto /equivocación	eso es, Ud. acierta
11. inmenso	huge, vast, infinite	grande, enorme, vasto, desmesurado, sin límites, infinito	enano, minúsculo, diminuto, chico = small, chiquitín = tiny, mínimo
12. /una ojeada/ ia ver!	/a glance/let me see, let's have a look!	un vistazo, una mirada, mostrar = to show	
13. rebuscado	far-fetched, way-out	traído por los pelos, exagerado, no pega = far-out	fiel = faithful
14. /cordero/potro /cabra/ternero	/lamb/colt/goat/veal	/carnero = sheep, gallo = cock, ox = buey, cow = vaca	

38

VOCABULARY

	TRANSLATION	SYNONYM	OPPOSITE-ASSOCIATED
1. un premio		– – –	–
2. un huerto		–	
3. /una falta/un pecado/una errata	– – –	/ – / – –	
4. previamente		–	– –
5. un tío	/ /	/ –	– –
6. señalar		– –	
7. / ¡qué va! /no me da la gana	– –	/ – – – / – –	– – – –
8. una tontería		– – – –	
9. /ahogarse/un traje de baño/ola	– – –	/ – – / –	– –
10. reiterar		– – – –	
11. un compañero		– – – –	–

VOCABULARIO

	TRADUCCION	SINONIMO	OPUESTO ASOCIADO
1. un premio	reward	una recompensa, una prima, gratificación, a tip = propina	el castigo = punishment
2. un huerto	garden	un jardín, bosque = wood, un patio = yard	terrendo baldío = solar = wasteland
3. /una falta/un pecado/una errata	/an error/a lack of/a sin/misprint	/defecto = defect, la culpa = fault, carencia /error de imprenta, gazape	
4. previamente	previously ≠ later (érase una vez . . . = once upon a time)	en el pasado = in the past, anteriormente, antes, con anterioridad, antaño = formerly	después, luego, posteriormente, en el futuro = in the future
5. un tío	/a guy, fellow ≠ chick/uncle	/un tipo, *fulano, indíviduo	*una tía, *gachí, chica ￗ
6. señalar	to signal	indicar, mostrar, el cartel = poster	
7. / ¡qué va!/no me da la gana	/no go, no way ≠ dig! /I don't want to, don't dig it	/ ¡ni hablar!, ¡qué disparate!, ¡no hay trato! /no quiero, *no me sale de las narices, no me apetece	de acuerdo, vale, comprendido
8. una tontería	foolishness, nonsense, rubbish	una bobada, *burrada, *pijada, animalades, sandeces, estupideces, desatinos, es un disparate = it's stupid	
9. /ahogarse/un traje de baño/ola	/to drown/bathing suit/wave	/zozobrar, hundirse, irse a pique = to sink /bañador (arena = sand)	flotar, nadar = to swim
10. reiterar	to repeat, reiterate	repetir, insistir, machacar, remachar, chochear = babble	
11. un compañero	a pal, buddy, friend	un amigo, *amigote, afecto, camarada	un enemigo = enemy, adversario, opuesto

VOCABULARY

	TRANSLATION	SYNONYM	OPPOSITE-ASSOCIATED
1. una tela	/ /	/ – – –	
2. /el conserje/el botones	– –	/ – –	
3. un manitas	– –		– –
4. el subsuelo	–		–
5. una suerte/ser afortunado/ iánimo! /un buen augurio	– – – –	/ – – – –/ – / – – / – –	/ – –
6. /la vista/hasta la vista/en vista de /con vistas a	– – – –	/ – / – – –/ – – –	
7. una tasca		– –	
8. una alfombra		– –	
9. estar vacío		– – –	– – –
10. /una almohada /una manta/la sábana/colchón	– – – –		

41

VOCABULARIO

	TRADUCCION	SINONIMO	OPUESTO ASOCIADO
1. una tela	/canvas/material	/un lienzo, cuadro, pintura, pintor = painter, dibujo = drawing	
2. /el conserje/el botones	/janitor/page-boy	/el guardián, portero, sereno = night watchman	
3. un manitas	a do-it-yourself man ≠ clumsy	habilidoso, mañoso	inhábil, torpe
4. el subsuelo	basement	el sótano	terraza = terrace, el desván = attic
5. una suerte /ser afortunado/ iánimo! /un buen augurio	/luck/to be lucky ≠ to be unlucky/good luck! (a jinx = un maleficio)/good omen	/le fortuna, la ventura, dicha, buena racha, un golpe de suerte = a lucky break, iqué chollo! = what luck! / ia por ello! /tener suerte, *potra/buena señal, buen síntoma	/suerte perra = bad luck, *tener mala potre = mala suerte, ser gafe = to hex, to jinx = traer la negra, llevar la mala sombra, mal de ojo, mal presagio
6. /la vista/hasta la vista/en vista de /con vistas a	/view, panorama/ goodbye/considering /so that	/el paisaje/hasta luego, hasta pronto, /dado que, puesto que /con objeto de, para, con respeto a, en relación a	
7. una tasca	a dive, joint	un mesón, una bodega	
8. una alfombra	a carpet	tapiz, moqueta	
9. estar vacío	to be empty ≠ to be full, crowded, packed	vacuo, hueco, no haber nada	estar lleno, a rebosar, hasta los topes, de bote en bote
10. /una almohada /una manta/la sábana/colchón	/a pillow/blanket/ sheet/mattress	un cojín = a throw pillow or scatter cushion, la colcha = bedspread, cabezal = funda = pillowcase	

VOCABULARY

	TRANSLATION	SYNONYM	OPPOSITE-ASSOCIATED
1. una obra maestra		– –	– –
2. educado		– – – –	– – –
3. en voz alta		– – –	– –
4. es horroroso		– – – –	– – –
5. gritar		– – – –	– –
6. ser valiente		– – – –	– – – – –
7. /una bruja /encantar	– –	– –	
8. un chisme	/ /	/ – – – / – –	
9. /garganta/toser/el cuello/la tos /estornudar/estar con catarro	– – – – –	/ – – / – –	
10. un horno		–	– – –
11. tozudo		– – – –	–

VOCABULARIO

	TRADUCCION	SINONIMO	OPUESTO ASOCIADO
1. una obra maestra	a masterpiece	una obra de arte, algo único	una chapuza = trinket, birria, baratija = chuchería = pacotilla = junk, es una *porquería
2. educado	polite, courteous ≠ rude	correcto, culto, cortés, amable, de buenos modales	tosco, rudo, bruto, maleducado, descortés
3. en voz alta	aloud ≠ in a whisper, murmur	hablar fuerte, a voz en cuello, a pleno pulmón, a voz en grito	murmurar, susurrar, murmullo
4. es horroroso	it's dreadful, terrible, a horror ≠ lovely, a marvel	espantoso, terrible, de echar a correr, de miedo	precioso, es una maravilla, una gozada
5. gritar	to shout, yell ≠ to whisper	aullar, chillar, vocear, vociferar, dar berridos	musitar, bisbisear
6. ser valiente	to be brave ≠ a coward, yellow	*tener agallas, ser atrevido, arrojado, valoroso, intrépido	ser un cobarde, miedoso, una gallina, temeroso
7. /una bruja /encantar	/a witch/to haunt	un duende = un fantasma = a ghost, un hechicero = wizard	
8. un chisme	/stuff/gossip	/trasto, cacharro, cachivache/cotilleo, el que dirán	
9. /garganta/toser/el cuello/la tos /estornudar/estar con catarro	/throat/to cough/neck /a cough/to sneeze/to have a cold	/el gaznate, me duele la garganta = I have a sore throat/estar constipado, acate- rrado	
10. un horno	a stove ≠ a fridge	el hornillo, el hogar = fireplace	la nevera, frigorífico, heladera
11. tozudo	stubborn (to be) hard-headed	terco, cabezota, tenaz, cabeza dura, testarudo, empeñado, obstinado, *no ceder ni un ápice = to refuse to give an inch	flexible

44

VOCABULARY

	TRANSLATION	SYNONYM	OPPOSITE-ASSOCIATED
1. llorar		– – –	– – – –
2. /una aguja/coser /tijeras	– – –	–	–
3. no puedo aguantarla		/ – – / – – –	– –
4. estoy ligado a ella		– – –	– – – –
5. aumentar		– – – –	– – – –
6. /un paseo/montar a caballo	– –	– – –	–
7. ruido		– – –.–	– –
8. ¡qué lío!		– –	
9. plano	/ /	/ – –	
10. /tienda/tendero /ferretería/tienda de ultramarinos	– – – –	/ –	– –
11. el aparato	/ /	/ – – – – / – –	
12. derecho	/ –	/ – –	– –

VOCABULARIO

	TRADUCCION	SINONIMO	OPUESTO ASOCIADO
1. llorar	to weep, sob, cry	sollozar, lagrimear, lloriquear = to whine, gimotear, (crybaby = llorón)	reír, sonreír, risueño = smiling, reirse a carcajadas = to burst out laughing, desternillarse de risa = split one's sides
2. /una aguja/coser /tijeras	/a needle/to sew /scissors	hacer a medida = to make to measure	un vestido de confección = ready to wear
3. no puedo aguantarla	I can't stand her, bear her ≠ I like her	me cae mal, *me cae gorda/antipática, no la puedo ni ver, *le tengo manía	me cae bien, me encanta
4. estoy ligado a ella	I'm close to her ≠ we're not close, not in contact	unido, apegado, *liado con ella (pej.)	alejado, separado, no tengo relación, trato
5. aumentar	to increase, go up ≠ to decrease, dwindle, go down	elevar, subir, agrandar, hinchar = to swell	disminuir, bajar, reducir, decrecer, aminorar, rebajar, menguar
6. /un paseo/montar a caballo	/a hike, walk (estirar las piernas = to stretch one's legs)/to ride	una caminata, una vuelta, dar un paseo = to go for a walk (una silla de montar = a saddle)	drive = conducir, ir en coche
7. ruido	noise, rumpus ≠ calm	algarabía, estruendo, jaleo, follón, armar un follón = to horse around	la calma, tranquilidad
8. ¡qué lío!	that's really something	¡qué problema!	
9. plano	/flat/a plan	/llano, liso	
10. /tienda/tendero /ferretería/tienda de ultramarinos	/shop/shopkeeper /hardware/grocer's shop	/tienda de comestibles	almacenes, galerías = = department store
11. el aparato	/device/lavish	/herramienta, instrumento, útil, máquina, artefacto/pompa, fasto	
12. derecho	/straight, right	/recto, justo, tieso = stiff	/curvo = curved /izquierda = left

46

VOCABULARY

	TRANSLATION	SYNONYM	OPPOSITE-ASSOCIATED
1. /majo/cariñoso	– –	/ – –	– – – –
2. /mal tiempo/el arco iris/el trueno /el ralámpago/la niebla/la nieve	– – – – – –	/ – – – / – / –	– –
3. /el cotilleo /cotillear	– –	/ – – – –	– –
4. pálido		– – – –	– –
5. ¡qué mono es!		– – –	–
6. /la bolsa/valores activos	– –	/ – –	
7. /restos/el bocadillo/tentem-pié/la merienda /los pinchos/los entremeses	– – – – – –	/ – – – – / – –	–
8. /un novio/los novios	– –	/ –	
9. jubilarse		–	
10. ¿a qué no . . .?		– –	

47

VOCABULARIO

	TRADUCCION	SINONIMO	OPUESTO ASOCIADO
1. /majo/cariñoso	/nice ≠ disagreeable /affectionate	/afectuoso, simpático	desagradable, antipático, odioso = hateful
2. /mal tiempo/el arco iris/el trueno /el ralámpago/la niebla/la nieve	/gloomy, bleak weather/rainbow/ thunder/lightning /mist ≠ clear/snow	/lúgubre, fúnebre, pesado = heavy = bochorno/una tormenta = storm/ brumoso = foggy	un tiempo claro, despejado = clear, soleado = sunny, un cielo sin nubes
3. /el cotilleo /cotillear	/gossip/to gossip	/el chisme, chismorreo, un metomentodo = a gossip	de buena fuente/tinta = de primera mano = straight from the horse's mouth
4. pálido	sallow, sullen, wan, yellow	macilento, paliducho, cetrino, amarillo como la cera	ponerse colorado = enrojecer = ruborizar = to blush
5. iqué mono es!	how sweet, cute! ≠ naughty	es una monada, una preciosidad, es monísimo, iqué rico!	iqué malo!
6. /la bolsa/valores activos	/stock-exchange or a bag (una cuenta corriente = current account/assets ≠ liabilities	/un agente de bolsa = broker, acciones = shares, obligaciones = bonds, crédito = credit, títulos = stocks	
7. /restos/el bocadillo/tentempié/la merienda /los pinchos/los entremeses	/left-overs/sandwich /bite/afternoon snack /snacks, titbits/hors d'œuvres	/residuo, remanente, sobrante, despojos, las sobras (food)/tapas banderillas, el plato fuerte = main course	no le sobra = scarcely enough, tomar postre = to have dessert
8. /un novio/los novios	/a fiancé, a boyfriend /newlyweds	/los recién casados (el viaje de novios = honeymoon, la luna de miel)	
9. jubilarse	to retire	retirarse, las clases pasivas = retired people	
10. ¿a qué no . . . ?	I bet you can't	¿qué te apuestas?, ¿a qué sí . . . ?	

48

VOCABULARY

	TRANSLATION	SYNONYM	OPPOSITE-ASSOCIATED
1. /un duplicado/un conjunto	– –	/ – / – – –	– –
2. bromear		– – – –	
3. ¡oye!		– – –	
4. /alivio/esto me alivia	– –	/ – –	– –
5. /el talle/caderas /pecho/seno	– – – –	–	
6. mortal		– – – –	– –
7. las manchas		– –	
8. la red	/ /	/ –	
9. es un peligro		– –	
10. pretender		–	
11. en el extranjero		–	– –
12. /oler/olor	– –	–	
13. /escuela/primer- aria/instituto/el colegio/hacer novillos	– – – –	–	

VOCABULARIO

	TRADUCCION	SINONIMO	OPUESTO ASOCIADO
1. /un duplicado/un conjunto	/a duplicate/a set of, a pile of	/una copia/una serie de, un montón de, pila de, una tira de	un original, auténtico
2. bromear	to joke, to jest (hacer rabiar = to tease)	gastar bromas, chancear, chungarse, *chotearse, burlarse de = to laugh at, ¡no fastidies! = no kidding!	
3. ¡oye!	listen!	¡mira!, ¡escucha!, ¡por cierto! = by the way, ¡fíjate!, ¡ten en cuenta!	
4. /alivio/esto me alivia	/relief/it's a relief	/reposo, bienestar, descanso = rest (estar a gusto = to be at ease)	una carga = a burden, un peso, preocupación, responsabilidad
5. /el talle/caderas /pecho/seno	/the waist/hips/chest /breast	las medidas = measurement, bust = busto	
6. mortal	deadly ≠ immortal	fúnebre, perecedero, fatal, letal	inmortal, eterno
7. las manchas	stains	borrón, manchar = to stain, tintorería = cleaners	
8. la red	/net/network	/el entramado (grass roots = a escala local)	
9. es un peligro	it's a risk	es un riesgo, arriesgar = to chance	
10. pretender	to claim	pedir = to ask, rogar = to beg, exigir, solicitar	
11. en el extranjero	abroad	fuera del país	indígena, nativo
12. /oler/olor	/to smell/a smell	olfatear = to sniff, husmear, perfume = scent	hedor = stench
13. /escuela/primeraria/instituto/el colegio/hacer novillos	/grammar school, /high school/school /to play hooky	la enseñanza = teaching, *hacer calva = cut classes = fumarse la clase	la universidad = university

VOCABULARY

	TRANSLATION	SYNONYM	OPPOSITE-ASSOCIATED
1. /el tobillo/la rodilla/la mejilla	– – –	–	
2. /me da vergüenza		–	–
3. ancho		– –	–
4. /la goma/el acero /el carbón/el hierro	– – – –	–	
5. ¡adelante!		– –	– – –
6. dar un beso		– –	
7. reñir	/ /	/ – / – – –	–
8. una cuerda		– –	
9. /. . . y pico . . ./20 pesetas y pico		– –	–
10. sencillo		– –	–
11. montes y valles		– –	
12. crudo	/ /	/ – – / – –	–
13. ¡es un fresco!		– – – –	

51

VOCABULARIO

	TRADUCCION	SINONIMO	OPUESTO· ASOCIADO
1. /el tobillo/la rodilla/la mejilla	/ankle/knee/cheek	el muslo = thigh	
2. /me da vergüenza	I'm ashamed ≠ proud	me avergüenzo	estoy orgulloso
3. ancho	wide ≠ tight	extenso, vasto, holgado = loose	estrecho, apretado
4. /la goma/el acero /el carbón/el hierro	/rubber/steel/coal /iron	una goma = rubber-band	
5. ¡adelante!	come in ≠ get out!	¡pase!, ¡entre!	¡fuera!, ¡salga!, ¡largo de aquí!
6. dar un beso	to kiss	besar, abrazar = to embrace	
7. reñir	/scold/quarrel	/reprender/regañar, disputar, pelear	/reconciliarse = make up
8. una cuerda	a string (un nudo = a knot)	cordel, cordón, el hilo = thread, el alambre = wire, soga = rope	
9. /... y pico .../20 pelas y pico	/... odd/20 odd pesetas	y algo más	justo
10. sencillo	simple	modesto, sin etiquetas = casually, sin cumplidos	de etiqueta, vanidoso = showy, complicado
11. montes y valles	hills and valleys	montañas, sierras = mountains, hondonadas = ravines	
12. crudo	/raw/crude	/poco hecho = rare, sin cocer = very rare, /verde, grosero	cocido = cooked, asado = roasted, quemado = burnt
13. ¡es un fresco!	he has guts, he's cocky	*es un carota, un tranquilo, un caradura, un *faroles, *fantasma, un sinvergüenza, tiene mucha cara, más cara que espalda, un atrevido, *tiene papo	

VOCABULARY

	TRANSLATION	SYNONYM	OPPOSITE-ASSOCIATED
1. /un estanco/un cigarro	— —	/ — —	
2. /arreglar /irrompible	— —	/ — — / —	—
3. /los parientes/los padres/los hijos	— — —		
4. silbar		— —	
5. confesar		— — —	— —
6. el aire libre		—	— — —
7. maduro		—	— —
8. /una rueda/un pinchazo	— —	—	
9. /una cura/una píldora/sanar	— — —		
10. /es una ganga/es barato	— —	/ — — / — —	— —
11. con tal que		— — —	

53

VOCABULARIO

	TRADUCCION	SINONIMO	OPUESTO ASOCIADO
1. /un estanco/un cigarro	/candy store (more or less)/a cigarette	un pitillo, cigarrillo, un puro = cigar, cerillas = fósforos = matches, mecha = mechero = lighter	
2. /arreglar /irrompible	/to fix/unbreakable	/enmendar, retocar /indestructible	romper = to break, destrozar = destroy, estropear = to spoil, quebradizo = breakable
3. /los parientes/los padres/los hijos	/relatives/parents /children	los abuelos = grand-parents, nietos = grandchildren	
4. silbar	to whistle	pitar, chistar	
5. confesar	to confess ≠ to keep quiet	revelar, reconocer = to admit, *dar el soplo = to tell on, squeal	callar, silenciar
6. el aire libre	outdoors	fuera = outside, en el exterior	dentro, en el interior
7. maduro	ripe ≠ green	/sensato, mesurado, = mature	verde, inmaduro
8. /una rueda/un pinchazo	/a wheel/a flat	un neumático = tyre	
9. /una cura/una píldora/sanar	/medical care, treat-ment (medicine = medicina)/a pill/to cure, treat	/una consulta = check-up/medicamento, remedio, la receta = a prescription/una pastilla = tablet, mejoría = improve-ment	recaída = relapse, una enfermedad = illness, estar fatal = not to feel well, empeorar = to get worse
10. /es una ganga/es barato	/it's a bargain, buy /cheap ≠ expensive	/es un buen negocio /*es un chollo/*está tirado = *regalado = it costs nothing	/es caro, costoso, por las nubes = it costs an arm and a leg
11. con tal que	provided that	con que, a condición de que, basta que	

54

VOCABULARY

	TRANSLATION	SYNONYM	OPPOSITE-ASSOCIATED
1. /un graduado/*es un hueso	− −	− − −	−
2. vagar		− − − −	
3. al por mayor		− −	− −
4. to play	/ / /	− −	
5. /lavandería /tintorería	− −	−	
6. seg: ndo término		− −	−
7. /un despertador/ /despertarse /bostezar	− − −	/ − −	− −
8. tener celos		− −	
9. supongo		− − −	
10. un complejo		−	−
11. /confiar/fiable	− −	− −	− −

VOCABULARIO

	TRADUCCION	SINONIMO	OPUESTO ASOCIADO
1. /un graduado/*es un hueso	/a graduate/he's crummy, a stinker (teacher)	diplomado, licenciado el bachillerato = high- school diploma (more or less)	un estudiante, una beca = a grant
2. vagar	to wander, stroll	deambular, callejear, gandulear, sin rumbo fijo	
3. al por mayor	wholesale ≠ retail	a granel, el mayorista = wholesaler	el por menor, el detallista = shopkeeper
4. to play	/jugar/tocar/ interpretar	tocar (instrumento), desempeñar un papel = role, representar = to act	
5. /lavandería /tintorería	/laundry/cleaners	una lavadora = washing-machine, la ropa = linen	
6. segundo término	background ≠ foreground	trasfondo, telón de fondo	primer plano
7. /un despertador /despertarse /bostezar	/alarm-clock/to wake up/to yawn	/tener sueño = to be tired, caerse de sueño = to be dead tired	estar despierto, despabilado = awake
8. tener celos	to be jealous	envidioso, tener envi- dia = to be envious	
9. supongo	I suppose	creo, me parece, me figuro, me imagino	
10. un complejo	a hang-up	acomplejado = self- conscious	desacomplejado = cool
11. /confiar/fiable	to trust, confide in ≠ distrust /reliable, dependable	fiarse de alguien, abrirse con, una persona formal = stable, contar con = rely on /digno de confianza, de crédito, fuera de dudas	desconfiar, perder la confianza

VOCABULARY

	TRANSLATION	SYNONYM	OPPOSITE-ASSOCIATED
1. /un sello/un sobre /reexpedir/una carta/la dirección /echar una carta	– – – – – –		
2. tenso		– –	–
3. /me sabe mal/ sabe mal/huele mal	– – –	/ – –	–
4. delgado		– – – –	– – – –
5. una persona mayor		– – –	– – –
6. dolor de estómago		– – – –	
7. /la caza/estar al acecho	– –	–	
8. la rutina		– –	–
9. una cita		–	

VOCABULARIO

	TRADUCCION	SINONIMO	OPUESTO ASOCIADO
1. /un sello/un sobre /reexpedir/una carta/la dirección /echar una carta	/a stamp (franqueo = postage)/an envelope /to forward (a letter) /a letter/ the address/ to post a letter	el buzón = letter-box, el correo = mail, correos = post office/ /reenviar/una postal = postcard/las señas (la firma = signature)	
2. tenso	uptight, tense, wound up, on edge	tirante, tener los nervios desquiciados, estar nervioso, en tensión, histérico, tener los nervios de punta	estar relajado = relaxed
3. /me sabe mal/ sabe mal/huele mal	/it bothers me/it tastes bad/it smells bad	/me molesta, *me joroba	me gusta
4. delgado	slender, skinny, slim, scrawny, thin, bean-pole ≠ fat, heavy, stocky (tener micheli-nes = to be flabby)	desgarbado, desgali-chado, esbelto, flaco, estar como un fideo = como un palillo = broomstick, estar en los huesos, *chupado, enjuto	gordo, redondo, obeso, rollizo, regordete = gordito = plump, gor-dinflón, forzudo = stout, tener barriga = tener curva de la felicidad = to have a big belly, una persona jamona, ajamonada
5. una persona mayor	an adult ≠ youngster, kid, youngster	adulto, hombre hecho y derecho, con toda la barba	un crío, imberbe, niño chico, mozo, joven
6. dolor de estó-mago	upset stomach	dolor de tripas, de barriga, ardor de estómago, acidez de estómago	
7. /la caza/estar al acecho	/a chase, hunt/to be on the lookout	cazar = to hunt, ca-zador = hunter, la escopeta = gun	
8. la rutina	daily routine ≠ unusual	lo cotidiano, habitual	lo insólito
9. una cita	an appointment, date (citar a alguien = to make a date)	una citación	

VOCABULARY

	TRANSLATION	SYNONYM	OPPOSITE-ASSOCIATED
1. una disciplina		– – –	
2. saldar		–	
3. *es un duro de pelar		–	–
4. /café solo/una propina/los churros	– – –	/ –	
5. un despacho		– –	
6. vale la pena		– – –	– –
7. pasar inadvertido		– –	– –
8. /un cajón /la alacena /una repisa	– – –	/ –	
9. /la acera/el arroyo/la calzada	– – –	–	
10. /examinarse/aprobar	– –	–	– –
11. /agregar/estimar /un presupuesto	– – –	/ – – – / – – – / – –	– –
12. adormecido		–	–

VOCABULARIO

	TRADUCCION	SINONIMO	OPUESTO ASOCIADO
1. una disciplina	a line, field	una profesión, un dominio, un oficio, un campo	
2. saldar	to settle (up)	pagar = to pay, liquidar, abonar	
3. *un duro de pelar	a hard-egg, hard-cookie	un matón	una gallina = softy, un cobarde, un flojo
4. /café solo /una propina/los churros	/black coffee/a tip /sort of doughnut	/un café con leche = coffee with milk, un cortado = coffee with little milk	
5. un despacho	a study, office	un estudio, oficina	
6. vale la pena	it's worth it ≠ useless	merece la pena, tiene valor, es apreciable	sin valor, inútil
7. pasar inadvertido	to be inconspicuous ≠ striking	no se nota, no se ve	ostensible, llamativo
8. /un cajón/ /la alacena /una repisa	/a drawer/closet/shelf	/una estantería	
9. /la acera/el arroyo/la calzada	/the sidewalk or pavement/gutter/street	los peatones = transeúntes = pedestrians	
10. /examinarse/aprobar	/to take an exam/to pass ≠ to fail, flunk	presentarse a un examen	suspender en un examen ser *cateado
11. /agregar/estimar /un presupuesto	/to add ≠ subtract (added = añadido) to value/an estimate /budget	/añadir, asociar, sumar, aumentar, anejo (adjunto = enclosed)/ apreciar, respetar, tasar, valuar, valorar/ una estimación, approximación	sustraer, substraer, restar, eliminar, reducir
12. adormecido	numb	embotado	despierto = awake, despejado

VOCABULARY

	TRANSLATION	SYNONYM	OPPOSITE- ASSOCIATED
1. *los cuartos	/	$- - - - -$	$- - -$
2. avisar		$- - -$	
3. ¿qué tal?		$- - - - -$	
4. /la madre política /la nuera	$- -$	$- -$	$- -$
5. dejar una señal		$- - -$	$- -$
6. /jerga/chapurrear	$- -$	$/ - / -$	$-$
7. /un juerguista /un faldero	$- -$	$/ - - - - / - -$	$- - -$
8. sea franco		$- -$	$-$
9. ¡se acabó!		$-$	$- -$
10. ojear		$- - -$	
11. /la clave del problema/el punto de referencia	$- -$	$/ - - - / -$	
12. un cebo		$- -$	

61

VOCABULARIO

	TRADUCCION	SINONIMO	OPUESTO ASOCIADO
1. *los cuartos	/dough, bread ≠ to be broke/rooms	*parné, *perras, *tela, dinero, *pasta	*estar sin un real, sin un duro, *sin gorda, *sin blanca, *sin una perra
2. avisar	to warn	poner en guardia, prevenir, advertir	
3. ¿qué tal?	how are you?, how goes it?, what's up?	¿qué hay?, ¿cómo estás?, ¿qué es de tu vida?, ¿cómo va eso?, ¿cómo andas?, ¿qué cuentas?, ¿qué vida llevas?	
4. /la madre política /la nuera	/mother-in-law/ daughter-in-law	/la suegra, cuñada = sister-in-law	/suegro, padre político/el yerno = son-in-law
5. dejar una señal	to give a deposit	depositar dinero, dar una fianza, un anticipo	pagar al contado = to pay cash
6. /jerga/chapurrear	/slang/to speak broken English, etc.	/argot/mascullar	académico
7. /un juerguista /un faldero	/a playboy, a high-stepper, gay liver, gay blade ≠ a gloomy gus/a run around	/un jaranero, barbián un viva la vida, viva la virgen, es alegre como las castañuelas, *un calavera, /ligón, mujeriego	un pesimista, aguafiestas = wet blanket
8. sea franco	be blunt! ≠ to beat about the bush	dígalo sin rodeos, vaya al grano	andar con rodeos
9. ¡se acabó!	that's enough!	¡basta!	¡siga!, ¡prosiga!
10. ojear	to browse	echar un vistazo, una ojeada, mirada	
11. /la clave del problema/el punto de referencia	/the core of the problem/the frame of reference	/el nudo del problema, *la madre del cordero, el quid del asunto/el esque ma de referencia	
12. un cebo	a bait, incentive	un incentivo, atractivo	

62

VOCABULARY

	TRANSLATION	SYNONYM	OPPOSITE-ASSOCIATED
1. atolondrado		– – – –	*(handwritten)*
2. /un tocadiscos/una cinta magnetofónica	– –	/ – –	
3. una observación hiriente		– – – – –	–
4. servir de plataforma		– –	
5. tiene buena letra		–	
6. una muñeca	/ / /	– –	– –
7. una ficha	/ / /		
8. hostigar		– – –	
9. una tarjeta de visita		–	
10. una cadena de montaje		– –	–
11. estar al margén		– – – –	–

VOCABULARIO

	TRADUCCION	SINONIMO	OPUESTO ASOCIADO
1. atolondrado	flighty, feather-brained	sin seso, sin juicio, alocado, despistado	vivaracha, despierta, viva, lista = bright
2. /un tocadiscos/una cinta magnetofónica	/record-player/a tape	/gramófono, gramolo, un disco = a record *desergard*	
3. una observación hiriente	a dig, cut, stab	un desaire, una afrenta, mala lengua = lengua de víbora = sharp tongue, lengua de bruja, mordaz	piropear = to flatter
4. servir de plataforma	to be a stepping stone	servir de trampolín, de base	
5. tiene buena letra	he has nice handwriting	buena caligrafía, ortografía = spelling	
6. una muñeca	/doll/knock-out/fist	/una *gachí, bombón, *está buena, *como un tren, *un camión, *es de bandera = she's a looker, ¡qué buen tipo!	/una facha = *una birria = a dog, wallflower
7. una ficha	/a record(police) /token/ticket(coat)		
8. hostigar	to nag, to needle, keep after, goad	*annoy* picar, perseguir, *harass* molestar, acosar, *to hound* fustigar *to lash*	
9. una tarjeta de visita	a business card	tarjeta de indentidad = identity card	
10. una cadena de montaje	assembly line	un grupo de montaje, producción en serie = mass production	el artesanía = craftsmanship
11. estar al margén	to be aloof, not to care ≠ to be involved	no afectar, no me va ni me viene, no me incumbe, *ni fu ni fa, *a mí, plim = I don't care	estar en el ajo

VOCABULARY

	TRANSLATION	SYNONYM	OPPOSITE-ASSOCIATED
1. /burlarse de alguien/una jugareta	– –	–	
2. /una mecanógrafa /taquígrafa	– –	–	
3. un madrugador		– –	– –
4. por casualidad		– – –	– – –
5. arremolinarse		– – –	– –
6. floreciente		– – –	–
7. /un cadáver/una tumba/el muerto	– – –	/ – – –	
8. /présbita/las gafas		–	– –
9. que trabaja por cuenta propia		–	– –
10. una chica para todo		– – – –	
11. buscar las cosquillas a uno		– –	
12. compensar		– –	

VOCABULARIO

	TRADUCCION	SINONIMO	OPUESTO ASOCIADO
1. /burlarse de alguien/una jugareta	/to swindle s.o., con, clip, rope in, take for a ride, roll/a low trick	/engañar = to cheat, dar el pego, gato por liebre, liar, enrollar = to give s.o. a line, rollo = line, una mala faena = mala pasada	
2. /una mecanógrafa /taquígrafa	/typist/stenographer, shorthand typist	una taquimecanógrafa	
3. un madrugador	an early bird ≠ night owl	levantarse con el alba, con las gallinas	trasnochador, un ave nocturno, un dormilón = late riser
4. por casualidad	by chance ≠ on purpose	por azar, *por chiripa, *por churro	a propósito, adrede, aposta
5. arremolinarse	to twirl	dar vueltas, girar, rodar	estar quieto, tranquilo
6. floreciente	thriving ≠ to down	próspero, va que arde, viento en popa	irse abajo
7. /un cadáver/una tumba/el muerto	/a corpse/a grave/a dead person	/*un fiambre, restos mortales, el difunto = *finado = defunct, nicho	
8. /présbita/las gafas	/farsighted ≠ nearsighted/glasses	el óptico = optician, hipermetrope, *un cuatro ojos = a person wearing glasses	miope, corto de vista
9. que trabaja por cuenta propia	freelance ≠ salaried	independiente	asalariado, trabajar por cuenta ajena
10. una chica para todo	a maid, help	una muchacha, *chacha, la asistenta, la criada	
11. buscar las cosquillas a uno	to bother s.o., start with s.o.	molestar, fastidiar	
12. compensar	to offset, to compensate	resarcir, indemnizar	

VOCABULARY

	TRANSLATION	SYNONYM	OPPOSITE-ASSOCIATED
1. /hinchado/una cicatriz	— —	— —	— —
2. tiene buena pinta		— —	— —
3. encantador		— — —	—
4. /el pulmón/el corazón/el hígado	— — —		
5. la bocina	/ /	/ —	
6. ¡dale!		— —	— — —
7. ¡qué pelma!		— — — —	
8. va y ven		— — —	—
9. con segundas		— — —	—
10. un ingenuo		— —	
11. /fatuo/darse pisto	— —	— — — —	— —

VOCABULARIO

	TRADUCCION	SINONIMO	OPUESTO ASOCIADO
1. /hinchado/una cicatriz	/swollen ≠ to go down (swelling)/a scar (a wound = herida)	inflado, me duele el pie = my foot aches, me he hecho daño = I hurt myself	deshinchado, desinflado
2. tiene buena pinta	it looks good	tiene buen aspecto, buena facha	mala pinta, mala cara
3. encantador	charming, enchanting	amable, atento, agradable = pleasant	odioso = hateful
4. /el pulmón/el corazón/el hígado	/lung/heart/liver		
5. la bocina	/loudspeaker/horn /las luces = lights)	/portavoz, pitar = tocar la bocina = to honk	
6. ¡dale!	go ahead ≠ wait a minute!	¡hale!, ¡adelante!	¡espera!, ¡un momento!, ¡quieto!, ¡alto ahí!
7. ¡qué pelma!	what a pain in the neck!, a bore	*latoso, *pesado, *pelmazo, fastidioso, cargante, *chinche	
8. va y ven	back and forth	avance y retroceso, ir y venir, vaivén	inmóvil
9. con segundas	with ulterior motive	reserva mental, segunda intención, con retintín	con franqueza, frankly
10. un ingenuo	clean-cut (U.S.), wide-eyed, innocent-looking	tener cara de buenazo, un mosquita muerta = una inocentona	
11. /fatuo/darse pisto	/conceited, vain/to show off	presumido, autosuficiente, seguro de sí mismo, se cree un Dios = he thinks he's God's gift, vanidoso, egoísta = selfish, altanero = haughty	llano, sencillo, modesto, humilde

VOCABULARY

	TRANSLATION	SYNONYM	OPPOSITE-ASSOCIATED
1. /atarearse/ ¡al tajo!	– –	/ – – –	–
2. plantar	/ /	/ – – –	
3. con razón o sin ella		– – –	
4. un sabelotodo		– –	
5. /precio de coste/ /gastos generales /un descuento	– – – –	/ –	–
6. /un bandido/el hampa/un ladrón	– – –	/ – – – – / – – / – – –	– –
7. /en especie (pago) /dar la vuelta/¿tiene cambio?	– – –	–	– –
8. entre	/ /	–	–
9. /un paso atrás /atolladero	– –	/ – / – –	– –
10. fecha tope		–	
11. un pájaro de cuenta		– – –	

VOCABULARIO

	TRADUCCION	SINONIMO	OPUESTO ASOCIADO
1. /atarearse/ ial tajo!	/to work hard/get to work!	/trabajar, laborear, obrar, *apencar, currelar = to sweat it, *empollar = to cram	chapucear = to botch, ser vago = holgazán = to be lazy
2. plantar	/to give up/to plant	/abandonar, dejar plantado	
3. con razón o sin ella	justly or not	por las buenas or por las malas, con derecho o sin él	
4. un sabelotodo	Mr Know-it-all	un sabihondo, pillo = pillín, pasarse de listo = to be a wiseguy	
5. /precio de coste/ /gastos generales /un descuento	/cost price/overall expenses, overhead /discount	/una rebaja = stg. off	el precio de venta = selling price
6. /un bandido/el hampa/un ladrón	/gangster/underworld /a thief ≠ straight	/un criminal, atra- cador, mal bicho, mal vedo/el bajo mundo, pillería/un ratero, carterista, truhán, maleante = evil-doer, un caco	/la buena sociedad/un hombre honrado = caballero = gentleman
7. /en especie (pago) /dar la vuelta/¿tiene cambio?	/in kind/a coin/to give change/have you any change?	a coin = una moneda	en metálico, en dinero contante y sonante, en líquido, cambio = suelto = change
8. entre	/amid/between	rodeado de = surrounded by	fuera = outside
9. /un paso atrás /atolladero	/setback/a deadlock ≠ a breakthrough	/atrás! = move back! /punto muerto, callejón sin salida = dead end	un paso adelante, una apertura
10. fecha tope	the deadline	última fecha	
11. un pájaro de cuenta	a queer duck, oddball	un pajarraco, *bicho raro, es un caso = he's a lulu	

70

VOCABULARY

	TRANSLATION	SYNONYM	OPPOSITE-ASSOCIATED
1. viene del pueblo		– – – –	–
2. una salida	/ /		–
3. aferrar		– –	– – – – –
4. está listo	/ /	/ – – –	–
5. /decir mentiras/ /parece mentira /una bola	– – –	/ – – / – – – – / – –	– –
6. harapos		– –	– – – –
7. soso	/ /	/ – – / – –	/ – – – – / –
8. /malicioso/vivo como una ardilla	– –	– – – – –	– – – –
9. un títere/gobierno títere	/ /	/ – – – – / – –	

VOCABULARIO

	TRADUCCION	SINONIMO	OPUESTO ASOCIADO
1. viene del pueblo	he's a hick, from the sticks, a yokel, a hillbilly ≠ city dweller	viene de la aldea, de un lugar perdido, *es un paletón, *un cateto *un pueblerino, *un destripaterrones, *un patán, *un cazurro, un campesino = farmer	ciudadano
2. una salida	/an outlet/exit		una entrada
3. aferrar	to grasp ≠ to let loose	enganchar, colgar = to hang	soltar, desengancharse, liberarse, librarse
4. está listo	/he's doomed, his number's up/he's ready	/está más perdido que carracuca, está perdido	salvado = safe
5. /decir mentiras /parece mentira /una bola	/to lie/it's incredible ≠ to tell the truth /lie, tale	/mentir, *decir trolas/ embustes, patraña = tale, contar un cuento chino/una mentira, una pipa, un camelo = a story	decir la verdad, ser sincero
6. harapos	rags	andrajos, estar hecho jirones = in rags, estar hecho un adefesio, crummy = feúcho	/postín = smart, distinguido, elegante, *un pollopera
7. soso	/tasteless, flat ≠ spicy/dull	/insípido, insulso /tonto, sin gracia	/sabroso, rico, gustoso, picante/*salado = funny
8. /malicioso/vivo como una ardilla	/clever/cunning, artful	/pillín, ladino, astuto, taimado, travieso, picarón, juguetón, avispado, viejo zorro, marrullero	ingenuo, sosegado, *tonto del bote = village idiot
9. un títere/gobierno títere	/a puppet	/monigote, marioneta, muñeco, pelele/un hombre de paja = straw man, un testaferro	

VOCABULARY

	TRANSLATION	SYNONYM	OPPOSITE-ASSOCIATED
1. /me muero de hambre/tener sed	– –	–	– –
2. contratar alguien		– –	– – – –
3. un soborno		–	
4. /una película/el crítico	– –	–	
5. ¡mejor!		– – – –	–
6. elegir		– –	–
7. / ¡qué asco!/ ¡es un asco!	– –	–	
8. ser de cortos alcances		– – – –	–
9. una parada	/ / /	/ – – – –	–
10. en su propio beneficio		– – –	–
11. ¿en qué quedamos?		–	
12. un *golfo		– – – –	

VOCABULARIO

	TRADUCCION	SINONIMO	OPUESTO ASOCIADO
1. /me muero de hambre/tener sed	/I'm starving/to be thirsty	tener hambre de lobo = could eat a horse	estoy harto = full, saciado, ahíto, lleno, *ponerse tibio = *morado = stuffed
2. contratar alguien	to hire s.o., take on, recruit ≠ to fire, sack	dar trabajo, reclutar	despedir, echar a la calle, *poner de patitas en la calle, licenciar
3. un soborno	a bribe (dar propina = to give a tip)	sobornar = to bribe, untar, cohechar, corromper	
4. /una película/el crítico	/a film (a row of seats = fila)/a critic	la cartelera = play bill, una entrada = localidades = seats	
5. ¡mejor!	all the better! so much the better!	¡menos mal!, ¡tanto mejor!, ¡qué se chinchen!, ¡qué se fastidien!	¡peor para (él)! = too bad
6. elegir	to pick out, select	escoger, seleccionar	indiscriminar
7. /¡qué asco!/¡es un asco!	/it's disgusting!/it's not worth anything	/me da asco = it makes me sick	
8. ser de cortos alcances	to be narrow-minded, bigoted ≠ open-minded	corto, enano mental, estrecho de miras, *ser cerrado de mollera, retrasado mental	de criterio amplio
9. una parada	/parade/break, pause /stop (bus)	/un descanso, intermedio, un alto, interrupción	sin parar = non-stop
10. en su propio beneficio	for her sake ≠ against her	por su bien, su provecho, en pro	en su contra
11. ¿en qué quedamos?	let's make up our mind!, well?	¿qué decidimos?	
12. un *golfo	a con artist, scoundrel, rogue	*una canalla, bribón, *chulo, granuja, pillo, pinta, *gamberro, timador = swindler	

74

VOCABULARY

	TRANSLATION	SYNONYM	OPPOSITE-ASSOCIATED
1. /deteriorado /tugurio	– –	/ – – – / – – –	–
2. el apellido		–	–
3. tropezar		– – –	
4. un chiste		– –	
5. adular		– – –	– – – –
6. me ha despistado		– – – –	
7. /una suerte bárbara/un desgarrón	– –	/ – – / – –	–
8. /divertido / ¡qué gracia! /gracioso	– – –	/ – – – / – – / – / –	– – – –
9. calado hasta los huesos		– – –	–
10. el animador		– –	

VOCABULARIO

	TRADUCCION	SINONIMO	OPUESTO ASOCIADO
1. /deteriorado /tugurio	/shabby, run-down /slum, dump, shack	/usado, raído, estropeado = spoilt/una barraca, cabaña, cuchitril, choza	flamante = brand new, nuevo, mansión, palacio, castillo = castle
2. el apellido	last name, surname	el apodo = mote = nickname, el nombre de soltera = maiden name	el nombre = first name
3. tropezar	to stumble, trip, wobble, totter	tambalearse, vacilar, titubear	
4. un chiste	joke	un chascarillo, un juego de palabras = a pun	
5. adular	to flatter ≠ snub	apreciar, lisonjear, halagar	desdeñar, menospreciar, despreciar, rebajar
6. me ha despistado	. . . led me astray, misled (una persona despistada = absentminded)	me ha engañado, confundido, inducido en error	
7. /una suerte bárbara/un desgarrón	/a sure thing ≠ a long shot/a hitch, a rub	/un golpe de suerte, está en el bote/un siete, rasgón	una remota probabilidad
8. /divertido / ¡qué gracia! /gracioso	/entertaining = interesting ≠ a drag, a bore/how funny!/ funny	/apasionante, cautivador, attrayante/ entretenido, pasarlo en grande/de miedo /*de narices = fenomenal =* bomba = fetén = to amuse o.s./jocoso = comico, ¡qué risa!	/latoso, molesto, aburrido, pesado, pasárselo fatal, ser más pesado que el plomo, *aburrirse como una ostra, *es un rollo = un *petardo = *una lata = it's boring
9. calado hasta los huesos	soaked, drenched ≠ dry	mojado como una sopa, estar empapado, chorreando	seco
10. el animador	compère, master of ceremonies	maestro de ceremonias, presentador	

76

VOCABULARY

	TRANSLATION	SYNONYM	OPPOSITE-ASSOCIATED
1. /una sala de fiesta/bailar	– –	– – – –	
2. el amo		– – –	
3. es un comediante		– –	
4. /sano y salvo /seguro	– –	/ – / – – –	–
5. ¡qué raro!		– –	
6. humanidad		– –	
7. . . . o sea . . .		– – –	
8. /*la mili/una tregua	– –	/ – – / –	
9. la estación	/ /	–	
10. volver	/ /	/ – – – / –	
11. un pedazo enorme		–	– –
12. /el ritmo/el rendimiento	– –	/ – – / – – –	
13. tentar		– –	

VOCABULARIO

	TRADUCCION	SINONIMO	OPUESTO ASOCIADO
1. /una sala de fiesta/bailar	/a night club/to dance	un wisky, una boite, un salón de baile, un club nocturno	
2. el amo	owner, boss	el dueño, propietario, patrón	
3. es un comediante	he's a ham, a comedian	un farsante, cuentista	
4. /sano y salvo /seguro	/safe and sound/ safe ≠ dangerous	/un rescate = rescue /sin peligro, al abrigo, protegido, amparado = sheltered	un siniestro, catastrofe = disaster, en peligro
5. ¡qué raro!	/how strange! /it's rare ≠ it's common	/único, curioso, insólito, extraño/ escaso, inédito	/corriente, común lo acostumbrado
6. humanidad	mankind	género humano, la especie humana	
7. . . . o sea . . .	I mean, that is to say	es decir, por ejemplo, dos puntos	
8. /*la mili/una tregua	/military service/a truce	/el servicio militar, el cuartel = barracks/ una pausa	
9. la estación	/station	el andén = platform	
10. volver	/to turn/come back (doblar la esquina = to turn the corner)	/volver la cabeza = to turn around, torcer a la derecha = to turn right, girar/ regresar	
11. un pedazo enorme	a chunk, lump	un buen trozo	un cachito, pedacito, miaja = crumb
12. /el ritmo/el rendimiento	/the pace, rate to yield, output	/cadencia, compás /la producción, el resultado, rentabilidad	
13. tentar	to induce, tempt	seducir con, atraer con	

VOCABULARY

	TRANSLATION	SYNONYM	OPPOSITE-ASSOCIATED
1. tenemos el placer de . . .		– – –	– – –
2. dedicarse a . . .		– –	
3. un esbozo		– –	
4. algo no muy regular		– – – –	– –
5. un razonador		– –	
6. /la gamba/el bogavante/la langosta/la cigala/el langostín	– – – –	–	
7. /tinto/cerveza	– –	–	
8. /un regalo/dar un regalo	– –	/ – – / –	
9. doblar la cerviz		– –	
10. /una brecha/ agujero	– –	/ – –	
11. /un indicio/ dejar entender	– –	/ – – – –	–

VOCABULARIO

	TRADUCCION	SINONIMO	OPUESTO ASOCIADO
1. tenemos el placer de ...	we have the pleasure ≠ we are sorry	tenemos el gusto de ..., nos complacemos en ..., nos es grato ...	deploramos ..., sentimos ..., lamentamos ...
2. dedicarse a ...	to spend one's time, to go in for	ocuparse, amplear el tiempo	desocupado
3. un esbozo	an outline	un bosquejo, boceto, un apunte = sketch	
4. algo no muy regular	not very kosher ≠ on the up and up	no muy católico, no muy limpio, algo turbio, sucio	legal, sin equívocos
5. un razonador	a reasoner, s.o. argumentative	filósofo, racionalista	
6. /la gamba/el bogavante/la langosta/la cigala/el langostín	/big shrimp/lobster /small lobster/prawn /crayfish	quisquilla = shrimp, mariscos = seafood	
7. /tinto/cerveza	/red wine/beer	tintorro, *vinazo = cheap wine, clarete = rosé, un cuba libre = rum and coke	
8. /un regalo/dar un regalo	/a present/to give s.o. stg.	/un obsequio, un presente/regalar	
9. doblar la cerviz	to kowtow	hacer zalemas, hacer la pelota = dar coba = to butter up	
10. /una brecha/ agujero	/a gap, a space, gulf/ a hole	/zanja = ditch, vacío = abismo = abyss, caverna = cave/un hoyo, orificio	
11. /un indicio/ dejar entender	/a clue/to hint	/una pista, noticia, un soplo, una intuición, insinuación = hint	*un bulo = a bumsteer

VOCABULARY

	TRANSLATION	SYNONYM	OPPOSITE-ASSOCIATED
1. mezquino		— — —	— —
2. propiedad literaria		—	
3. quizá		— — —	—
4. /empeñar/ una subasta	— —	/ — —	
5. /una posada /una pensión	— —	— — — —	
6. frenar		— —	—
7. /robar/botín	— —	—	—
8. ¿verdad...?		— —	
9. /las distracciones/un aficionado	— —	/ — — — ~ / — —	
10. /el abono/ subscribirse a...	— —	/ — / —	
11. /esta noche /la noche/ anoche	— — —		

VOCABULARIO

	TRADUCCION	SINONIMO	OPUESTO ASOCIADO
1. mezquino	mean, greedy, tight, penny pincher ≠ spendthrift, easy spender	codicioso, ávido, ruin, ansioso, aprovechado, avaro, roñica, roñoso, *agarrado (como el chotis) = stingy, tacaño, ahorrar = to save	desinterés = generoso, espléndido, desprendido, manirroto, desembolsar, es un despilfarrador, los gastos = expenses
2. propiedad literaria	copyright	los derechos = rights	
3. quizá	perhaps ≠ of course	a lo mejor . . . , tal vez, quizás	por supuesto
4. /empeñar/ una subasta	/to hock/an auction sale	/en el Monte de Piedad, poner algo en la casa de empeño (un presta- mista = pawnbroker)	
5. /una posada /una pensión	/inn/room and board	una fonda, hostal, casa de huéspedes, albergue, hotel	
6. frenar	to brake, slow down ≠ to accelerate	disminuir, aminorar la velocidad	acelerar
7. /robar/botín	/to steal, rob/loot	sisar = pinch, *birlar = to swipe, hurtar, estafar, desvalijar, saquear = to sack	devolver = to give back
8. ¿verdad . . . ?	right?, isn't it?	¿cierto?, ¿a qué sí . .?	
9. /las distrac- ciones/un aficionado	/leisure, time free /a fan, amateur	/el ocio, el tiempo libre, disponible/un perito = expert, un conocedor = con- noisseur	
10. /el abono/ subscribirse a . . .	/the subscription/to subscribe to . . .	/una subscripción/ estar abonado a	
11. /esta noche /la noche/ anoche	/tonight/night/last night		

82

VOCABULARY

	TRANSLATION	SYNONYM	OPPOSITE-ASSOCIATED
1. estar desnudo		— — — —	—
2. cosechar		— —	—
3. /compra/reg-atear/saldo	— — —	/ —	— —
4. con soltura		— —	
5. competir		—	—
6. aplaudir		— — —	— —
7. /felicitaciones /cumplimentar	— —	/ — / — — —	
8. un primo	/ /	/ — — — —	—
9. y tal . . .		— — — —	
10. ¡cuidado!		— — —	—
11. me faltan 10 pesetas			— —
12. /¿cuánto vale? ¿me cobra? /¿le atiende?	— — —		

83

VOCABULARIO

	TRANSLATION	SYNONYM	OPPOSITE-ASSOCIATED
1. estar desnudo	to be bare, naked ≠ dressed	en traje de Adán, como uno vino al mundo, *en cueros, *en pelota	arropado = vestido
2. cosechar	to reap	recolectar, recoger = to pick up	sembrar = to sow
3. /compra/regatear/saldo	/purchase/to bargain /sale	/adquisición	venta, liquidación = selling out, closing-down sale
4. con soltura	offhand	con desparpajo, desacomplejado	
5. competir	to compete	hacer competencia	cooperar
6. aplaudir	to clap, applaud	aclamar, vitorear, batir palmas	patalear, silbar, abuchear = to boo, pitar
7. /felicitaciones /cumplimentar	/congratulations/to congratulate	/felicidades = best wishes/congratular, homenajear, dar los parabienes	
8. un primo	/cousin/a sucker, a chump	/ser el que paga, el pato, el que se lo traga todo, ser crédulo = to be gullible	no me trago = I don't buy it, no va conmigo
9. y tal . . .	etc. . . . , and so on	y tal y cual, y esto y aquello, y lo de más allá, etcétera	
10. ¡cuidado!	be careful! ≠ not to pay attention	¡mucho ojo! , poner cuidado en, tener cuidado con = to pay attention	no fijarse en
11. me faltan 10 pesetas	I'm 10 pesetas short		no me hacen falta, me sobran = I have . . . left
12. /¿cuánto vale? ¿me cobra? /¿le atiende?	/how much is it? /can I pay? / are you waited on?	/¿cuánto es? , ¿cuánto cuesta? ¿qué le debo?	

84

VOCABULARY

	TRANSLATION	SYNONYM	OPPOSITE-ASSOCIATED
1. *el retrete		– – – –	
2. un lobo solitario		– – – –	– – –
3. /dolor de cabeza/sarampión/viruela	– – –	–	
4. razón aquí		–	–
5. /el almacén /las mercancías /el proveedor	– – –	– – –	– –
6. refunfuñar		– – – –	–
7. chillón		– – –	
8. las joyas		–	–
9. /tener cosquillas/hacer cosquillas	– –	–	
10. /un cirujano /el médico	– –	– –	–
11. el patrón/el cabecilla	– –	– – – –	– – – –
12. fulano		– – – –	

85

VOCABULARIO

	TRADUCCION	SINONIMO	OPUESTO ASOCIADO
1. *el retrete	toilet, bathroom the john, loo	el cuarto de baño, el aseo, el lavabo, los servicios	
2. un lobo solitario	a lone wolf, loner ≠ group	un ermitaño, aislado, ser huraño, salvaje = people-shy, solitario, solo, más solo quela una	pandilla, equipo, grupo, banda, cuadrilla, partida
3. /dolor de cabeza/sarampión/viruela	/headache/measles /smallpox	/jaqueca	
4. razón aquí	inquiries here	informes = información, datos	una encuesta = inquiry
5. /el almacén /las mercancías /el proveedor	/warehouse/merchandise/a supplier	/un depósito/géneros /abastecedor	entregar = to deliver, cliente, comprador = buyer
6. refunfuñar	to grumble, complain ≠ not to say boo	quejarse, rezongar, gruñir, protestar	sin chistar
7. chillón	gaudy (shade = un matiz = un tono)	vistoso, llamativo, gritón	
8. las joyas	jewels	pulsera = bracelet, sortija = a ring	bisutería = junk
9. /tener cosquillas/hacer cosquillas	/to be ticklish/to tickle	/cosquilloso	
10. /un cirujano /el médico	/a surgeon/a doctor	*un matasanos, una inyección = injection	una enfermera = nurse
11. /el patrón/el cabecilla	/the boss/the big wheel, small fry, a nothing	el jefe, capitoste, pez gordo = VIP, un personaje, mandamás, cacique	un don nadie, un cualquiera, pelagatos, *mequetrefe = *tiparraco
12. fulano	Mr John Doe	el señor de tal, fulano y mengano, zutano, un cualquiera	

VOCABULARY

	TRANSLATION	SYNONYM	OPPOSITE-ASSOCIATED
1. sacar una foto		–	
2. estar embarazada		– – – –	–
3. aguantar		– – – –	
4. /comida/zampar	– –	/ – – – –	–
5. /el alcalde/el ayuntamiento /hacer antesala	– –	–	
6. /un agente publicitario/un anuncio	– –	– –	
7. una plancha	/ /	/ – – –	
8. le pesará		/ – – – –	
9. aparcar		–	
10. /la Noche Vieja/ Noche Buena	– –	–	
11. /un número de/ es un número/el número/impares	– – – –	/ – – – – / –	/ –
12. experimentar	/ / /	/ – / – / –	

VOCABULARIO

	TRADUCCION	SINONIMO	OPUESTO ASOCIADO
1. sacar una foto	to take a picture	un tomavistas = a movie camera, máquina fotográfica = camera	
2. estar embarazada	to be pregnant	*estar preñada, encinta, en estado de buena esperanza	abortar = abort, un aborto = abortion, parir = to give birth
3. aguantar	to bear, endure, put up with, tolerate	soportar, tolerar, tener paciencia, sostener	
4. /comida/zampar	/meal, grub/to stuff o.s. (comer como un lobo = to eat s.o. out of house and home)	/la cocina, *manduca *jamancia, condumio, *cuchipanda, pitanza, jamar, *jalar, gazuza = hambre	ayunar = to fast
5. /el alcalde/el ayuntamiento /hacer antesala	/mayor/town hall/ to lobby	el municipio	
6. /un agente publicitario/un anuncio	/ad-man/an ad	un publicista, hacer propaganda = to advertise	
7. una plancha	/blunder/iron	/una pifia, una coladura, metedura de pata	
8. le pesará	you'll rue it, regret it	/lo sentirá, se mordará los puños, lo lamentará	
9. aparcar	to park	aparcamiento = parking	
10. /la Noche Vieja/ Noche Buena	/New Year's Eve/ Christmas Eve	la misa del Gallo = midnight mass	
11. /un número de/ es un número /el número/impares	/a number of/he's a case/the number /odd	/una cantidad, un montón de, una multitud de, un sinnúmero de/cifra = figure /nones	/pares = even
12. experimentar	/to feel/to experiment/to undergo	/sentir/probar/surir	

VOCABULARY

	TRANSLATION	SYNONYM	OPPOSITE-ASSOCIATED
1. sacrificarse por ...		– –	
2. jugar a las quinielas		–	
3. ten (itenga!)		–	–
4. no hay remedio		– – – –	–
5. ya	/ / / / / /	/ – / – / – / – / –	–
6. imprescindible			–
7. llevar las cuentas		–	
8. sangrar		–	
9. un novato		– – – –	–
10. un hombre sensato		– – –	–
11. /la peluquería /un champú-marcado/una peluca/peinar	– – – –	–	
12. iclaro!		– – – –	– – –
13./ iahí va! / saludar	– –	/ – – / – – – –	– –

VOCABULARIO

	TRADUCCION	SINONIMO	OPUESTO ASOCIADO
1. sacrificarse por . . .	to dedicate oneself to . . .	dedicarse a, consagrarse a . . .	
2. jugar a las quinielas	to do the pools, lay bets (football)	apostar	
3. ten (itenga!)	here you are!	¡toma!	dame = give me . . . , trae = bring me . . .
4. no hay remedio	we can't do anything	¿qué le vamos a hacer? , no hay nada que hacer	¿qué remedio queda? = what can we do about it?
5. ya	/already/now/soon /at last/I see/it's enough	/ahora/más adelan te/por fin/sí/ ¡ya está bien!	/no más
6. imprescindible	indispensable, a must		facultativo = optional
7. llevar las cuentas	to do the books	la contabilidad	
8. sangrar	to bleed	(morir desangrado = bleed to death)	
9. un novato	a newcomer, novice ≠ experienced	un bisoño, novicio, pipiolo, principiante	experimentado, perro viejo = old-timer, hombre de mucha experiencia
10. un hombre sensato	level-headed	de sentido común, ponderado, comedido, cuerdo = wise	insensato = mindless
11. /la peluquería /un champú-marcado/una peluca/peinar	/hairdresser/wash (shampoo) and set/a wig/to comb	un corte de pelo = a hair cut, rizar = to curl, un peine = comb, un cepillo = brush	
12. ¡claro!	it's obvious! , of course ≠ obscure, not clear	¡por supuesto! , ¡eso es, ¡desde luego! , ¡hombre! , ¡pues! , ¡mujer! , ¡es obvio!	es oscuro, incomprensible, ininteligible
13. / ¡ahí va! / saludar	/hello! , look who's here! /to greet	/ ¡diablos! , ¡mira por donde! /dar los buenos días, buenas tardes, buenas noches	/despedirse = to say good-bye, decir adios

VOCABULARY

	TRANSLATION	SYNONYM	OPPOSITE-ASSOCIATED
1. /afeitarse/el cráneo/calvo	– – –	/ – / – – – –	– –
2. el punto flaco		– –	
3. /tener miedo (en escena)/una charlotada/un estreno	– – –	/ – – / – – / – –	–
4. /endosar un cheque/cruzar un cheque/ cheques sin fondos/un talonario de cheques/caja de ahorros	– – – – –	/ – – / –	–
5. famoso		– – – –	– – –
6. vencedor		– – – –	– – –
7. preocuparse		– – – –	– – – –
8. asombrado		– – – –	–

VOCABULARIO

	TRADUCCION	SINONIMO	OPUESTO ASOCIADO
1. /afeitarse/el cráneo/calvo	/to shave (moustache = bigote)/skull/bald	/rasurarse, una maquina de afeitar = a razor/calavera, tapa de los sesos, sesera, *mollera, *pelota	/peludo = hairy, tener melena = to have long hair = melenudo = pelón
2. el punto flaco	weak spot	ahí le duele, el punto débil	
3. /tener miedo (en escena)/una charlotada/un estreno	/stagefright/slapstick /an opening (theatre) /first night	/ponerse nervioso, estar hecho un manojo de nervios = wound-up/cómico, bufo/una representación, inauguración	ser valiente = to have guts
4. /endosar un cheque/cruzar un cheque/ cheques sin fondos/un talonario de cheques/caja de ahorros	/to endorse/to cross a cheque (check)/ bounced cheques (checks)/cheque (check) book/savings bank	/(transferir = to transfer), una cuenta = an account/quedar al descubierto = to be overdrawn (una hucha = piggy bank)	retirar = to draw, depositar = to deposit
5. famoso	famouse, noted, well known ≠ unknown	conocido, renombrado, afamado, sonado, reputado, prestigioso	desconocido, ignorado, anónimo
6. vencedor	winner	campeón, ganador, victorioso, un hacha	perdedor, vencido = loser, batido
7. preocuparse	to worry, be upset ≠ be cool = iho te preocupes!	impacientarse, desvelarse, tomar a pecho, hacerse mala sangre, inquietarse	quedarse impávido, tan fresco, como sí nada, tan tranquilo, despreocupado
8. asombrado	astonished, surprised, stunned, floored, astounded, amazed, dazed, dumbfounded, flabbergasted, startled, overwhelmed	quedarse atónito, estupefacto, con la boca abierta, pasmado, espantado, helado, de una pieza, turulato, bizco, patitieso boquiabierto, caer de las nubes	reaccionar = react

VOCABULARY

	TRANSLATION	SYNONYM	OPPOSITE-ASSOCIATED
1. /suceder/¿qué pasa?	– –	/ – – – – / – –	–
2. fuerte		– – –	–
3. /murria/te echo de menos	– –	/ – – – –	–
4. una fruslería	/ /	/ – – – – / –	

VOCABULARIO

	TRADUCCION	SINONIMO	OPUESTO ASOCIADO
1. /suceder/ ¿qué pasa?	/to happen/what's the matter? what's up?	/ocurrir, pasar, acontecer, acaecer /¿qué sucede? ¿qué hay?	no pasa nada
2. fuerte	strong	poderoso = powerful, vigoroso, sólido	débil = weak, frágil, blando = soft, raquít- ico, canijo, endeble, flojo
3. /murria/te echo de menos	/to be low/I miss you	/tristeza, pena, dolor, pesadumbre	alegría = joy, placer = pleasure, gozo, alborozo
4. una fruslería	/a trifle/a candy	/bagatela, pamplina, moco de pavo, grano de anís/caramelo	

94

IDIOMS

In tackling the learning of these idioms

a) fill in the blanks in the second column as far as you
   can
b) fold the page back to check your answer
c) read the translation of the sentence for further
   clarification.

IDIOMS

1. **to ask point-blank**

Le preguntó – a boca – – –.
– a q– – –.
– de s – – –.
– de buenas a – – – si quería
casarse con él y fundar un hogar.

2. **to take pot-luck**

Si más tarde tiene hambre, pasen por casa y
comeremos algo – a la buena de – – –.
– a la pata – – –.

3. **to sell like hot cakes**

Se venden como – pan – – –.
– r – – –.

4. **to fit like a glove**

Este vestido es muy cómodo. Me sienta
como un – – –.

5. **let's celebrate!**

¡Vaya promoción que Ud. obtuvo! Esto
hay que – c – – –.
– m – – –.

6. **to get 'it'/that's the ball game/it's all over**

¿Quiere decir que aún no se lo ha dicho a su
esposa? – Pues vaya bronca que le – – –.
– Ya verá lo que – – –.

7. **to get worse and worse**

Las cosas van de mal en – – –.

8. **to be on one's last legs**

Después de estar tantos anos enfermo, ahora
va por mal – – –.

9. **to drink like a fish**

Desde la muerte de su esposa bebe como
– un c – – –.
– una e – – –.

10. **his bark is worse than his bite**

Perro ladrador, poco – – –.

11. **to stretch things/to push the whole thing too far**

A fuerza de machacar siempre con lo mismo
exageró la – – –.

12. **beggars can't be choosers**

No soy exigente, déme lo que pueda. A falta
de pan buenas son – – –.

13. a. **to know stg. like the back of one's hand**

María conoce París al – – –.

b. **to know by heart**

María sabe su lección de– m – – –.
– c – – –.

14. **to know the score**

José conoce bien – el – – –.
– a – – –.
– p – – –.
– los p – – –.
Sabe por donde vienen los – – –.

MODISMOS

1. preguntar a boca jarro/a
   quema ropa/ de sopetón/de
   buenas a primeras

   He asked her point-blank if she would marry
   him and settle down.

2. a la pata la llana/ a la buena
   de Dios

   If you're hungry later, drop in and take pot-
   luck with the left-overs.

3. venderse como pan bendito/
   como rosquillas

   They're selling like hot cakes.

4. sentar como un guante

   This dress is so comfortable, it fits like a glove.

5. ¡hay que celebrarlo!/
   ¡mojarlo!

   That was some promotion you got! Come on
   let's celebrate!

6. esperar una bronca/ ya verá
   lo que le espera

   Do you mean that you haven't told your wife
   yet? You're going to get it!

7. ir de mal en peor

   Everything is getting worse and worse.

8. ir por mal camino

   After the years of sickness, he's on his last
   legs.

9. beber como una cuba/esponja

   He has been drinking like a fish ever since the
   death of his wife.

10. perro ladrador, poco mordedor

    His bark is worse than his bite.

11. exagerar la nota

    Repeating the same thing, he pushed the whole
    thing too far.

12. a falta de pan, buenas son
    tortas

    I won't be difficult, give what you can. Beggars
    can't be choosers.

13. a. conocer al dedillo

    Mary knows Paris like the back of her hand.

    b. saber de memoria/de
    carrerilla

    Mary knows her lesson by heart.

14. conocer el percal/ asunto/
    el paño/ los permenores/
    saber por donde vienen los
    tiros

    Joe knows the score.

IDIOMS

1. **have you a light?**

¿Tiene — l — — — ?
— f — — — ?

2. **to be in the doghouse**

Tenga cuidado, pues el jefe le tiene a Ud.
— o — — —.
— e — — —.

3. **help yourself to some more**

¡ S — — — más pastel por favor!
¡ Vuelva a — — — !

4. **you had better . . .**

Haría m — — — marcharse más tarde.

5. **to fight City Hall/the Establishment**

Abandone, está Ud. pelando con — — — — — —.

6. **to stick one's neck out**

El jefe se — la — — —
— la — — —
— juega la — — —
—el — — —
por ella y espero que no habrá consecuencias.

7. **with all due respect . . .**

Con todo el respecto que le — — — le dirá que no estoy de acuerdo.

8. **to shoot the works/to go for broke**

Se que es un riesgo, pero hemos decidido jugarnos el todo por el — — —.

9. **to throw good money after bad**

¡Ya está bien! es inútil tirar la casa por la — — —.

10. **to bring home the bacon**

Él escribe pero es ella quien llena la — — —.

11. **to keep up with the times**

No ha envejecido porque vive con su — — —.

12. **to hit the jackpot**

¡Dios mío! Le ha tocado el — — —.

13. **to prefer to be a big fish in a little pond rather than a little fish in a big pond.**

Ahora vive en el campo y pinta, pues prefiere ser cabeza de ratón que — — — — — —.

14. **all's fair in love and war**

En la guerra y en el amor todo está — — —.

15. **to hit below the belt**

Ella no debería haberlo hecho. Realmente ha sido un golpe — — —.

16. **to be at the tip of one's tongue**

Un momento lo tengo en la punta de la — — —.

MODISMOS

1.	¿tiene lumbre?/¿fuego?	Have you a light?
2.	tener a alguien ojeriza/tenerle enfilado	Watch out! You've been in the doghouse with the boss since last week.
3.	sírvase/vuelve a servirse	Help yourself to some more cake.
4.	haría mejor ...	You'd better go later.
5.	pelear con molinos de viento	Give up. You can't fight City Hall.
6.	jugársela/*jugarse el físico/ *el tipo/*la cara	The boss is sticking out his neck for her and I hope there are no repercussions.
7.	con todo el respecto que le debo ...	With all due respect, I don't agree.
8.	jugarse el todo por el todo	I know it's a gamble but we have decided to go for broke.
9.	tirar la casa por la ventana	Stop now, there's no use throwing good money after bad.
10.	llenar la despensa	He writes and she brings home the bacon.
11.	vivir con su época	She hasn't got old because she keeps up with the times.
12.	tocar el gordo	Wow! You hit the jackpot!
13.	preferir ser cabeza de ratón que cola de león	He's living in the country and painting, having decided he'd rather be a big fish in a little pond than a little fish in a big pond.
14.	en la guerra y en el amor todo está permitido	All's fair in love and war.
15.	ser un golpe bajo	She shouldn't have said that, it was really hitting below the belt.
16.	tener algo en la punta de la lengua	Just a minute, it's on the tip of my tongue.

IDIOMS

1. a. love at first sight

   b. a passing fancy

2. right off the bat

3. the final blow/last straw

4. you can't have your cake and eat it/can't have it both ways

5. to meet s.o. half way

6. you can whistle for it/you should live so long

7. to drop a hint

8. he's the spitting image/a chip off the old block

9. to fly off the handle/have a fit/blow one's top/hit the ceiling

10. it was handed to him on a silver platter

11. to be down in the dumps

12. to be sadly mistaken/to be all wet/to be out in left field

13. to give s.o. a piece of one's mind

14. it's like carrying coals to Newcastle

---

1. a. En cuanto le ví, sentí el — — — .

   b. No esté celoso de Pilar. Para José no es más que un — — — .

2. Lo encontré en el — — — .

3. Hacía mucho tiempo que luchabamos, pero la última vez fúe
   — el c — — — .
   — el a — — — .
   — la c — — — .
   — la gota que — — — .

4. Lo siento, pero no se puede — — — — — — .

5. Vamos, partimos la — — — .

6. Después de lo que me ha dicho la próxima vez podrá — — — — — — .

7. Dió a — — — que pronto se jubilaría.

8. Se parece a su padre como una gota de ⌂ — — .
   Es el vivo ⌐ — — de su padre.

9. Cuando se lo dijo, — salió de sus — — — .
                      — se puso fuera de — — — .
                      — se puso f — — — .

10. No tuvo problemas. Se lo sirvieron todo en
    — — — — — — — — — .

11. Su enfermedad me tiene — — — .
    Estoy con el alma en un — — — .

12. Creo que conseguirá un aumento, pero se equivoca de medio a — — — .

13. Estaba tan enfadado con el dueño que le
    — cantó las — — — .
    — le dijo — — — — — — .
    — le dijo las — — — .
    — le puso como un — — — .
    — le puso de vuelta y — — — .

14. Es — perder el — — — .
    — llevar leña al — — — .

MODISMOS

1. a. un flechazo (amor)

The minute I saw him, it was love at first sight.

    b. es un capricho

Don't be jealous of Pilar. For Joe, she's just a passing fancy.

2. en el acto

I found it right off the bat.

3. ser el colmo/el acabóse/la cáraba/la gota que desbordó el vaso

We've been fighting for a long time but last time was the final blow.

4. no puede conseguir todo

Sorry, but you can't have it both ways.

5. partir la diferencia

Come on, I'll meet you half way.

6. podrá esperar sentado

After all he said to me, he can whistle for it next time.

7. dar a entender

He's dropped the hint that he'll soon retire.

8. se parece como una gota de agua/ es el vivo retrato de su padre

He's a chip off the old block.

9. salir de sus casillas/ponerse fuera de sí/furioso

She flew off the handle when he told her.

10. se lo sirvieron en bandeja de plata

He has no problem. They handed everything to him on a silver platter.

11. tener deprimido/ estar con el alma en un hilo

I'm down in the dumps about his being sick.

12. equivocarse de medio a medio

He thinks he'll get a raise but he's sadly mistaken.

13. cantar las cuarenta/decir las verdades/cuatro verdades/poner a alguien como un trapo/de vuelta y media.

He got so angry at his boss, he really gave him a piece of his mind.

14. es perder el tiempo/llevar leña al monte

That's like carrying coals to Newcastle.

1. **to hit home/a sore spot**

Vea Ud. como Juan ha reaccionado. Ha
— dado con su punto — — —.
— tocado en lo — — —.
— tocado el punto — — —
Ahí — le — — —.
— le aprieta — — —.

2. **never put off till tomorrow what you can do today**

No dejes para mañana lo que puedas — — —
— — —.

3. **birds of a feather flock together/a man is known by the company he keeps**

Dime con quién andas y te diré — — — — — —.
Dios los cría y ellos se — — —.

4. **an eye for an eye**

Me vengaré. Ojo por ojo y diente por — — —.

5. **take it or leave it**

Es mi última oferta. Lo toma o lo — — —.

6. **it's a snap/there's nothing to it/it's child's play/it's a breeze**

Está más claro que — — — — — —.
No es nada del otro — — —.
No es nada del otro — — —.
Es coser y — — —.
Está c— — — / t — — —.
Es pan — — —.

7. **don't jump to conclusions**

No saque conclusiones — — — ; aún no hay nada seguro.

8. **no matter what/at all costs/ by hook or by crook**

Me vengaré — cueste lo que — — —.
— a toda c — — —.
— aunque se hunda el — — —.

9. **to see the lie of the land**

Se adelantó a los demás para tantear el — — —.

10. **he's up to his old tricks**

Durante un año se ha portado bien y ahora
— vuelve a hacer de las — — —.
— vuelve a las — — —.

11. **to grin and bear it**

Fue un año pésimo, pero al mal tiempo buena — — —.

12. **to make a fuss/carry on**

Juanita armó la — — — porque José llegó tarde.

13. **to take a powder/vanish into thin air/take off**

Después de armar tanto follón
— se — — —.
— tomó las de — — —.

14. **practice makes perfect**

Se aprenda con la — — —.

MODISMOS

1. dar con su punto flaco/tocar en lo vivo/el punto débil/ahí le duele/le aprieta el zapato

   See how John reacted. I think it hit him on a sore spot.

2. no dejes para mañana lo que se puede hacer hoy

   Never put off till tomorrow what you can do today.

3. dime con quien andas y te diré quien eres/Dios los cría y ellos se juntan

   Birds of a feather flock together.

4. ojo por ojo y diente por diente

   I'll get even. An eye for an eye.

5. lo toma o lo deja

   That's my highest offer. Take it or leave it.

6. está más claro que el agua/no es nada del otro jueves/ no es nada del otro mundo/*es coser y cantar/*está chupado/ *tirado/es pan comido

   There is nothing to it.

7. no saque conclusiones precipitadas

   Don't jump to conclusions, nothing is certain yet.

8. cueste lo que cueste/a toda costa/aunque se hunda el mundo

   I'll get even no matter what.

9. tantear el terreno

   He went on first to see the lie (USA, lay) of the land.

10. vuelve a hacer de las suyas/a las andadas

    He was faithful for a year and now he's up to his old tricks.

11. al mal tiempo, buena cara

    It was a rough year, but we will have to grin and bear it.

12. armar la gorda

    Jane made a fuss because Joe was late.

13. largarse/tomar las de villadiego

    After having made a mess, he took a powder.

14. se aprende con la práctica

    Practice makes perfect.

104

IDIOMS

1. let's get down to business/ put our shoulders to the wheel

Ya hemos perdido bastante tiempo. Pongamos manos a la — — —./ ¡Al — — —!

2. to do stg. at one's own risk

Lo hizo por su cuenta y — — —.

3. on second thoughts

M — — — no pienso que Ud. tenía razón sobre él./P — — —.

4. behind the scenes

No sé como va su vida matrimonial; pero entre — — -- se dice un montón de cosas.

5. to be sitting pretty/on easy street

En la nueva empresa se tumba a la — — —.

6. to give up (guess)

Me doy por — — —
Me r — — —.
Para tí la perra — — —.
Doy mí brazo a — — —.

7. he made a slip of the tongue

Se le ha — — — — — -̇ — — — cuando le preguntó por su mujer que murió hace dos años.

8. to sleep on stg.

Por ahora no puedo contestarle. Déjeme consultarlo con la — — — ya veremos mañana.

9. a. I smelt a rat . . .

Se me puso la mosca detrás de la — — — cuando evitó mis preguntas.

b. there's something fishy

Hay gato — — —.

10. a. a narrow escape/a close shave

Se libró de — — —.
— por los — — —.

b. by the skin of one's teeth

Estaba pendiente de un — — —.

11. to get up on the wrong side

Esta mañana está de malas. Seguramente se ha levantado con el pie — — —.

12. to have one's hands tied

No puedo hacer nada. — Tengo las manos — — —.
— Estoy atado de pies — — —.

13. stop playing hearts and flowers!

¡Ya está bien·de — — —!
Déjese de — — —. Por aquí no paso.

14. it rings a bell

Sí, esto me — — —.

15. it's old hat

Es— un truco muy — — —.
— algo ya — — —.

MODISMOS

1.	¡pongamos manos a la obra!/ ¡al tajo!	Enough fooling around. Let's get down to business.
2.	hacer por su cuenta y riesgo	He did it at his own risk.
3.	mirándolo bien/pensándolo bien	On second thoughts, I don't think you were right about him.
4.	entre bastidores	I don't know how their marriage is actually but there is a lot going on behind the scenes.
5.	tumbarse a la bartola	With this new company, he is certainly sitting pretty.
6.	darse por vencido/renderse/ para tí la perra gorda/ dar su brazo a torcer	I give up.
7.	se le ha trabado la lengua	She made a slip of the tongue when she asked him about his wife who died two years ago.
8.	déjeme consultarlo con la almohada	I can't answer you now. Let me sleep on it and we'll see tomorrow
9. a.	se me puso la mosca detrás de la oreja	I smelled a rat when he avoided my questions.
b.	hay gato encerrado	There's something fishy.
10. a.	librarse de buena/por los pelos	It was a narrow escape.
b.	estabe pendiente de un hilo	He was hanging on by the skin of his teeth.
11.	levantarse con el pie izquierdo	He's in a bad mood this morning. He must have got up on the wrong side of the bed.
12.	tener las manos atadas/estar atado de pies y manos	I can't do anything. My hands are tied.
13.	déjese de cuentos/ya está bien de cuentos	Stop playing hearts and flowers. I just don't buy it.
14.	sí, esto me suena	Yes, that rings a bell.
15.	es algo ya visto/un truco viejo	It's old hat.

106

1. **to fall in love**

Es un verdadero Don Juan, todas las chicas
— se — — — de él.
— se p — — —.

2. **it's out of the question!**

¡Ni — hablar del — — —!
— hablar — — —!

3. **it goes without saying**

No hace — — — decir que se debe comer cuando
se tiene hambre. Sobra — — —.

4. **it's something along that line**

Quiero comprar algo — p — — —
— a — — —
— c — — — esto.

5. **it does not matter**

No i — — —.
Da lo — — —.
Da i — — —.

6. **... can't help ...**

Juan era tan chistoso que la gente no podía
— — — — — — — — —.

7. **to spread like wildfire**

Las noticias se propagaron como un reguero
de — — —.

8. **to drop s.o. a line**

Supongo que este verano me escribirás
— unas — — —.
— cuatro — — —.

9. **she gets on my nerves**

Le aseguro que tiene un carácter malísimo
y que me pone — f — — —
— n — — —
— fuera de — — —.
— me saca de q — — —.

10. **a. it serves her right**

No la compadezco; después de todo lo que le
ha hecho — le está bien — — —.
— lo tiene m — — —?

b. she has it coming

¡Para qué a — — —!

11. **leave her alone**

Está realmente deshecha y le aconsejo
que — la deje — — —.
— la deje — — — — — —.
— no se meta con — — —.

12. **to beat around the bush**

Nunca puedo obtener una respuesta clara.
Siempre se anda por las — — —.

13. **to put one's foot in it**

Todo andaba perfectamente hasta que
diciendo esto — metí la — — —.
— me pasé de — — —.
— me c — — —.

1.	**enamorarse de/prenderse de**	John is a real Romeo. All the girls fall in love with him.
2.	**ini hablar del peluquín!** **ini hablar!**	It's out of the question!
3.	**no hace falta decir/sobra decir**	That one should eat when hungry, goes without saying.
4.	**es algo así/parecido/como . . .**	I want to buy something along that line.
5.	**no importa/da lo mismo/da igual**	It doesn't matter.
6.	**no poder contener (la risa)**	John was so funny that the people couldn't help laughing.
7.	**propagarse como un reguero de pólvora**	The news spread like wildfire.
8.	**escribir cuatro líneas/unas líneas**	I hope you will drop me a line this summer.
9.	**me pone frenético/fuera de mí/nervioso/me saca de quicio**	I tell you she has a horrible personality and always gets on my nerves.
10. a.	**le está bien empleado/lo tiene merecido**	I don't feel sorry for her. After what she did to him, it serves her right!
b.	**ipara que aprenda!**	
11.	**idé jela en paz! / itranquila! ino se meta con ella!**	She's quite upset and I suggest that you leave her alone.
12.	**andarse por las ramas**	I can never get a straight answer out of him. He is forever beating about the bush.
13.	**meter la pata/ pasarse de listo/*colarse**	Everything was going well until I put my foot in it by saying that.

IDIOMS

1. to keep one's head

Lo mejor en caso de accidente, es guardar la sangre — — —.

2. a. to go for a walk

Esta tarde — nos iremos de — — —.
— daremos un — — —.
— daremos una v — — —.

b. to go on foot

Nos fuimos— a golpe de c — — —.
— a p — — —.
— en el coche de San — — —.

3. to run errands

Tengo que — hacer algunos r — — — / e — — —
/ c — — —.
— ir de

4. to stand s.o. up

Me — dió un p — — — / t — — —.
— dejó — — —.

5. to be homesick

Tengo m — — — / n — — —.

6. not to stand a chance

Bélgica no tiene — la — — — — — — /
probabilidad — — — de ganar los juegos olím-picos.

7. don't put the cart before the horse

... No hay que empezar la casa por — — — — — —.

8. it suits me to a tee/fine

Estos proyectos me parecen de p — — —.

9. something has gone wrong

Estoy convencido de que hay algo que no —
p — — — / m — — — / a — — — / v — — —;
sino ya estarían aquí.

10. to leave s.o. holding the baby (bag)/to take the rap

Se largaron todos y el tuvo que cargar
— con el — — —.
— con el m — — —.

11. to cut a long story short/the long and the short of it/in a nutshell.

T — — — que/ En dos p — — — / En r — — —
/ En r — — — — — — la dejó.

12. he has a one-track mind

Solo piensa en — — —.

13. to foot the bill/pick up the tab

Su hija compró el ajuar y él novio fué el
p — — —.

14. to have a hard time

Jack se las — vió — — — — — — / pasó — — —
para conseguir ayuda de su hermano.

MODISMOS

1. **guardar la sangre fría**	The best thing in an emergency is to keep your head.
2. a. **ir de paseo/dar un paseo/una vuelta**	This afternoon we're going to go for a walk.
b. **ir a golpe de calcetín/a patitas /en el coche de San Fernando**	We went on foot.
3. **hacer recados/encargos/ compras/ir de compras**	I have to run some errands.
4. **dar un plantón/dejar plantado /*tirado**	He stood me up.
5. **tener morriña/nostalgia**	I feel homesick.
6. **no tener la menor posibilidad/ no tener probabilidad alguna**	Belgium doesn't stand a chance to win the Olympics.
7. **no hay que empezar la casa por el tejado**	Don't put the cart before the horse.
8. **me parecen de perlas**	The plans suit me fine.
9. **no va/no pita/no marcha/no anda**	I'm sure that something has gone wrong. Otherwise they would have come already.
10. **cargar con el muerto/con el mochuelo**	They all ran and left him holding the baby (bag).
11. **total/en dos palabras/en resumen/en resumidas cuentas**	To cut a long story short, he left her.
12. **solo piensa en 'eso'**	He has a one-track mind.
13. **ser el pagano**	His daughter bought the trousseau and her fiancé footed the bill.
14. **vérselas muy negras/pasarlas moradas**	Jack had a hard time getting his brother to help him.

110

1. in a second/in a jiffy/in next to no time

Voy a hacer esto — en menos que canta un — — —.
— en un s — — —.
— en un t — — —.

2. the early bird catches the worm

A quien madruga Dios le — — —.

3. out of sight, out of mind

Ojos que no ven, corazón que no — — —.

4. don't put all your eggs in one basket

No hay que jugárselo todo a una misma — — —.

5. she wasn't born yesterday

Ella no ha nacido — — —.

6. it's no use crying over spilt milk/what's done is done

A lo hecho, — — —.

7. to hit the nail on the head

Ud. dió en — el — — —/ el b — — —/ la d — — —.

8. where there's a will, there's a way

Querer es — — —.

9. it's a dime a dozen

Este tipo de pintura — es pan nuestro de — — —.
— es de lo más c — — —.

10. to turn over a new leaf

Año nuevo, vida — — —.

11. you can't judge a book by its cover

El hábito no hace al — — —.

12. don't pull any punches/give it to me straight

No se ande — con — — —/ con — — —.
— cont — — —.

13. to make things worse/to top it off

Lo ha perdido todo en la Bolsa, y para colmo de — — — ha caído enfermo.

14. when it rains, it pours

Sí, ha tenido mala suerte, la verdad es que las desgracias nunca vienen — — —.

15. to be caught between the devil and the deep blue sea

Se encuentra realmente entre
— la espada y la — — —.
— dos f — — —.

16. he spilled the beans/to give the show away

Quería mantener secreto este nuevo negocio, pero mi colaborador se ha ido de la — — —.

17. to take s.o. for a ride

Siempre había creído que era soltero. Realmente la — — —.

18. lucky at cards, unlucky in love

Afortunado en el juego, desgraciado en — — —.

MODISMOS

1.	en menos que canta un gallo/ en un santiamén/en un tris	I'll do it in a second.
2.	a quien madruga, Dios le ayuda	The early bird catches the worm.
3.	ojos que no ven, corazón que no siente	Out of sight, out of mind.
4.	no hay que jugárselo todo a una misma carta	Don't put all your eggs in one basket.
5.	no ha nacido ayer	She wasn't born yesterday.
6.	a lo hecho, pecho	It's no use crying over spilt milk.
7.	dar en el clavo/en el blanco/ en la diana	You hit the nail on the head.
8.	querer es poder	Where there's a will, there's a way.
9.	es pan nuestro de cada día/ de lo más corriente	That kind of painting is a dime a dozen/two a penny.
10.	año nuevo, vida nueva	I'm going to turn over a new leaf.
11.	el hábito no hace al monje	Don't judge a book by its cover.
12.	no se ande con rodeos/con chiquitas/contemplaciones	Don't pull any punches.
13.	para colmo de desgracias	He lost everything on the stock-market, and then to make things worse he fell ill.
14.	las desgracias nunca vienen solas	Yes, he has one piece of bad luck after another; it's true that when it rains, it pours.
15.	estar entre la espada y la pared/entre dos fuegos	She's caught between the devil and the deep blue sea.
16.	se ha ido de la lengua	I wanted to keep that new deal quiet but my assistant gave the show away.
17.	engañar a alguien	All along she thought he was single. He really took her for a ride.
18.	afortunado en el juego, desgraciado en amores	Lucky at cards, unlucky in love.

112

IDIOMS

1. look before you leap
2. Rome wasn't built in a day

3. don't count your chickens before they're hatched
4. it's like looking for a needle in a haystack
5. to be in a tight spot/jam
6. she tore him to pieces

7. once in a blue moon

8. it was an eye-opener
9. a . tit for tat

b. to be quick on the uptake
10. to do an about-face/a turn-about

11. it's the pick of the lot/the cream of the crop
12. when the cows come home/when hell freezes over
13. you played right into his hands
14. ... missed his chance/the boat

15. fools rush in where wise men fear to tread
16. straight or on the rocks

Hay que mirar donde se ponen — — — — — — .

No se ganó Zamora en una — — — .

Esto es el cuento de la — — — .

Esto es como si buscásemos una aguja en un
— — — .

Juanita se encuentra realmente en un — — — .

Le — ha hecho — — — .
— ha hecho — — — .
— ha puesto como un — — — .

Le veo — de Pascuas a — — —
— de uvas a — — — cuando necesita
ayuda.

Al verlos juntos me abrió los — — — .

Contestaban en los mismos — — — .

Juan tiene buenas — — — .

Las dos sociedades estaban completamente de
acuerdo y de repente el director
— c — — .
— cambió de — — — .

Prúebelo. Es — la flor y — — — .
— canela — — — .

Cuando las ranas críen — — — , le pagará.

Contestando así, se ha tragado el — — — .

Ha perdido — la — — — .
— la — — — de conseguir la firma
del contrato.

Dios ayuda a la — — — .

¿Seco o con — — — ?

113

MODISMOS

1.	mirar donde se ponen los pies	Look before you leap.
2.	no se ganó Zamora en una hora	Rome wasn't built in a day.
3.	esto es el cuento de la lechera	Don't count your chickens before they're hatched.
4.	buscar una aguja en un pajar	It's like looking for a needle in a haystack.
5.	encontrarse en un atalladero	Jane's really in a tight spot.
6.	le ha hecho cisco/polvo/le ha puesto como un trapo	She tore him to pieces.
7.	de Pascuas a Ramos/de uvas a peras	I only see him once in a blue moon; when he needs help.
8.	. . . abrir los ojos	Seeing them together was an eye-opener.
9. a.	contestar en los mismos términos	They answered each other tit for tat.
b.	tener buenas salidas	Juan is quick on the uptake.
10.	chaquetear/cambiar de chaqueta	All was settled with the two companies and then the president did an about-face.
11.	es la flor y nata/canela fina	Try some of this. It's the cream of the crop.
12.	cuando las ranas críen pelos	He'll pay you when the cows come home.
13.	se ha tragado el anzuelo	You played right into his hands by answering that.
14.	ha perdido la oportunidad/ la ocasión	He missed his chance to get them to sign the contract.
15.	Dios ayuda a la inocencia	Fools rush in where wise men fear to tread.
16.	¿seco o con hielo?	Straight or on the rocks?

IDIOMS

1.	to face the music/to pay the piper	Todos los días, llega tarde, pero un día tendrá que — cargar con las — — — . — apechar con las — — — .
2.	to be on tenterhooks/on thorns	Está en — — — esperando la respuesta.
3.	a house-warming party	Se han mudado recientemente y el sábado invitan a los amigos para — — — — — — — — — .
4. a.	from top to bottom	Van a limpiar la casa — de cabo a — — — . — de arriba a — — — .
b.	from top to toe	Está bien vestida de la cabeza a los — — — .
5. a.	you're barking up the wrong tree	No está en lo cierto, va — — — .
b.	≠ you're on the right track	≠ Siga, va Ud. por buen — — — .
6.	I can't make head or tail of it	Su idea es absurda. No tiene ni pies ni — — — .
7.	it's the apple of his eye	Es su preferido. Lo quiere como a las niñas de sus — — — .
8. a.	to pay through the nose	¡Qué restaurante! Una simple comida le cuesta a uno — un ojo de la — — — . — un r — — — . — una r — — — .
b.	to buy for a song/dirt cheap	Lo conseguimos por — cuatro — — — . — cuatro — — — .
c.	to get stg. for nothing/free	Lo conseguimos por la — — — .
9.	to come back empty-handed	Hoy debía de firmarse el contrato, pero el dueño volvió con las manos — — — .
10.	he couldn't believe his eyes	No daba crédito a sus — — — .
11.	that's the limit	Estaría bueno — — — llegara hoy.
12.	don't be presumptuous	¿Pero a ver cuando hemos comido en el mismo — — — ? ¿Cuando nos hemos gastado el dinero — — — ?
13.	who do you think you are?	¿Pero con qué — — — haces esto ?
14.	make yourself at home	Está Ud. en su — — — .
15.	no sooner said than done	Fué llegar y besar el — — — .

MODISMOS

1. cargar con las consecuencias/ apechar con las consecuencias	He comes late every day and eventually will have to face the music.
2. estar en ascuas	She's on tenterhooks for the answer.
3. estrenar la casa	They moved recently and the house-warming party is on Saturday.
4. a. de cabo a rabo/de arriba a abajo	They are going to clean the place from top to bottom.
b. de la cabeza a los pies	She is nicely dressed from top to toe.
5. a. va descaminado	No, that's not the reason at all. You're barking up the wrong tree.
b. ≠ va por buen camino	≠ Continue. You're on the right track.
6. no tiene ni pies ni cabeza	Your idea is absurd. I can't make head or tail of it.
7. lo quiere como a las niñas de sus ojos	This is his pet company. It's the apple of his eye.
8. a. costar a uno un ojo de la cara/ *un riñón/*una riñonada	What a restaurant! You pay through the nose for a simple dinner.
b. conseguir algo por cuatro perras/reales	We got it for a song.
c. conseguir algo por la cara	We got it free.
9. volver con las manos vacías	The contract was supposed to be signed today but the boss came back empty-handed.
10. no daba crédito a sus ojos	He couldn't believe his eyes.
11. estaría bueno que ...	If he comes today, that's the limit.
12. ¿pero a ver cuando hemos comido en el mismo plato?/ ¿nos hemos gastado el dinero juntos?	Don't be presumptuous !
13. ¿pero con qué derecho haces esto?	Who do you think you are ?
14. está Ud. en su casa	Make yourself at home !
15. fué llegar y besar el santo	No sooner said than done.

116

IDIOMS

1.	when the cat's away, the mice will play	Donda hay patrón no manda — — —.
2.	don't turn the knife in the wound	No hurge en la — — —.
3.	to be 25 and not married	Carmen se quedó para vestir — — —.
4.	to live on air	Contigo pan y — — —.
5.	God helps those who help themselves	A Dios rogando y con el mazo — — —.
6.	one man's meat is another man's poison	Mal de muchos, consuelo de — — —.
7.	that'll do the trick	Eso — — —.
8.	my foot!/eye!	¡Y un c — — — / j — — —!
		¡A otro perro con este h — — —!
		¡Eso cuéntalo a — tu a — — — / tu t — — —!
		— a o — — —!
9.	what's the world coming to?	¿Si empieza a salir con una chica de 13 años, adónde vamos a — — —?
10.	to come on strong	Fernando dió el — — —.
11.	let's call a spade a spade	Llamemos al pan — — —y al vino — — —.
12.	it slipped my mind	Perdone que se me haya olvidado traérselo, se me fué de la — — —.
13.	whatever will be, will be	Lo que tenga que pasar — — —.
14.	let's get down to brass tacks/ down to cases	Ya está bien de andarse por las ramas. Vayamos al — — —.
15.	stick to your guns	No dé su brazo a — — —.
		Sigue — en sus — — —
		— erre que — — —.
16.	no strings attached/above board	Creo que lo he dicho de buena — — —.
17.	to have a sweet tooth	Tiene — — — — — — los caramelos y devora kilos de chocolate.
18.	to be the talk of the town	Su divorcio es la comidilla del — — —.
19.	to upset the apple-cart	La policía lo echó todo — a r — — —.
		— a p — — —.

MODISMOS

1.	donde hay patrón, no manda marinero	When the cat's away, the mice will play.
2.	no hurge en la herida	Don't turn the knife in the wound.
3.	quedarse para vestir santos	Carmen is 25 years old and not married.
4.	contigo pan y cebolla	We are so in love that we are living on air.
5.	a Dios rogando y con el mazo dando	God helps those who help themselves.
6.	mal de muchos, consuelo de todos	One man's meat is another man's poison.
7.	eso servirá	That'll do the trick.
8.	* iy un cuerno!/* iun jamón!/ * ia otro perro con este hueso! / ieso cuéntalo a tu abuela!/ ia tu tía!/ ia otro!	My foot !
9.	¿adónde vamos a parar?	If he starts to go out with a 13-year-old girl, what's the world coming to ?
10.	dar el golpe	Fernando came on strong.
11.	llamemos al pan, pan, y al vino, vino	Let's call a spade a spade.
12.	se me fué de la cabeza	Please excuse me for forgetting to bring it to you. It completely slipped my mind.
13.	lo que tenga que pasar, pasará	Whatever will be, will be.
14.	vayamos al grano	Enough beating about the bush. Let's get down to brass tacks.
15.	no dé su brazo a torcer/siga en sus treces/erre que erre	Stick to your guns.
16.	de buena fe	I believe he meant it with no strings attached.
17.	tener debilidad por	She has a sweet tooth and devours pounds of chocolate.
18.	ser la comidilla del barrio	Her new divorce is the talk of the town.
19.	echar todo a rodar/a perder	The cops upset the apple-cart.

IDIOMS

1. **you're getting warm**

   Adivina otra vez. Te — estás a — — —.
   — q — — —.

2. **it's ten to one/bet one's bottom dollar**

   Le apuesto 10 — — — — — — que ella no lo escribirá.
   Le juego el c — — — / el p — — —.

3. **to hold back**

   Ayer tuve que morderme la — — — cuando el jefe me echó una bronca.

4. **if the worst comes to the worst**

   Tome lo que necesite que en el peor de los — — — podré conseguir más de Juan.

5. **I couldn't get a word in edgewise**

   Ella habla que te hablabla y no conseguía meter — — —.

6. **to hold tight reins**

   A sus empleados los tiene en un — — —.

7. **it was one-upmanship**

   Como siempre, a cual — — —.

8. **every dog has its day**

   Es inevitable que un día gane; con
   — él tiempo todo se — — —.
   — paciencia y una caña todo se — — —.

9. **things will come to a head**

   Hace dos horas que discuten; pronto se llegará
   — a un r — — —
   — a — — —.

10. **to sweat blood and tears/to take some doing**

    Sudó — s — — — para criar a sus hijos.
    — t — — —.

11. **you took the words right out of my mouth**

    Me quitó las palabras de la — — —.

12. **to jump out of the frying-pan into the fire**

    Haciendo esta pregunta era salir de Guatemala para entrar en — — —.

13. **that works wonders**

    Esto hace — — —.

14. **it takes all kinds to make a world**

    De todo hay en — el huerto del — — —.
    — la viña del — — —.
    — tierra de g — — —.

15. **if memory serves me right**

    Si la memoria no me — — —, vendrá mañana.

16. **to have the ways and means**

    Esto me pare perfecto, a condición de que Ud. disponga de los — — — y posibilidades para realizarlo.

17. **like father, like son**

    De tal palo, tal — — —.

MODISMOS

1.	te estás acercando/*te quemas	Guess again. You're getting warm.
2.	le apuesto 10 contra uno/le juego el cuello/el pescuezo	It's ten to one that she won't write it.
3.	morderse la lengua	Yesterday I had to hold back when my boss let me have it.
4.	en el peor de los casos	Take all you need now and, if the worst comes to the worst, I can always get some more from John.
5.	no conseguía meter baza	She talked on and on and I couldn't get a word in edgewise.
6.	tener en un puño	He holds tight reins on all the employees.
7.	a cual mejor	As usual it was one-upmanship with them.
8.	con el tiempo todo se consigue /con paciencia y una caña todo se alcanza	Every dog has its day. He has to win once.
9.	. . . se llegará a un resultado/ a un acuerdo	They've been arguing for two weeks. Things will come to a head soon.
10.	sudar sangre tinta china	It took some doing to bring up the kids.
11.	me quitó las palabras de la boca	You took the words right out of my mouth.
12.	salir de Guatemala para entrar en Guatepeor	He jumped out of the frying-pan into the fire by asking that question.
13.	esto hace milagros	That works wonders.
14.	de todo hay en el huerto del Señor/en la viña del Señor/ en tierra de garbanzos	It takes all kinds to make a world.
15.	si la mémoria no me falla	If my memory serves me right, he's coming tomorrow.
16.	disponer de los medios	It seems good to me, if you have the ways and means to carry it off.
17.	de tal palo, tal astilla	Like father, like son.

IDIOMS

1. to get back one's outlay/recoup

   Finalmente, logró cubrir − − −.

2. seeing is believing

   Ver es − − −.

3. do unto others as you would have others do unto you

   No hagamos al prójimo lo que no quisiéramos que nos − − − − − − − − −.

4. all the more reason

   Con mayor m − − − / r − − −.

5. there's no place like home

   No hay nada como el − − − − − −.

6. to pave the way

   El embajador fué a Nueva York para tratar de preparar el − − − para concluir la paz.

7. walls have ears

   Cuidado con lo que dice. Las paredes − − −.

8. to pull a fast one

   Con el contrato nos ha hecha una mala p − − − / p − − − / f − − − / j − − −.

9. it's the lesser of two evils

   Del mal el − − −.

10. ignorance is bliss

    Quien ignora no − − −.

11. why on earth !

    ¡Qué d − − −! / ¡Por D − − −! / ¡Por qué d − − −! / ¡D − − −!

12. double or nothing

    Doble o − − −. ¿De acuerdo?

13. to take the long way

    Hacía un día tan esplendido que para regresar dimos un − − −.

14. to come out on the market

    Pronto aparecerá en el − − − en España.

15. to have an axe to grind

    Tiene una cuenta que − − − con Marga. Porque le quitó el trabajo.

16. to give s.o. the third degree/give s.o. a hard time

    La poli − le zurró − − − − − − / dió para el − − − / rompió la − − − / partió la − − − al individuo pero no consiguieron nada.

17. to be an absent-minded person

    En el tren se olvidó la cartera. Siempre está
    − en la l − − −.
    − en el l − − −.
    − en la h − − −.

18. to be low man on the totem pole/bottom of the list

    En todos los concursos de venta se encuentra
    − en el último − − −.
    − l − − −.
    − en el pelotón de los − − −.

MODISMOS

1.	cubrir gastos	At last he got back his outlay.
2.	ver es creer	Seeing is believing.
3.	no hagamos al prójimo lo que no quisiéramos que nos hiciera a nosotros mismos	Do unto others as you would have others do unto you.
4.	con mayor motivo/razón	All the more reason.
5.	no hay nada como el propio hogar	There's no place like home.
6.	preparar el terreno	The Ambassador came to New York to try and pave the way to peace.
7.	las paredes oyen	Let's be careful of what we say here. Walls have ears.
8.	hacer una mala pasada/partida/faena/ jugarreta	He pulled a fast one with the contract.
9.	del mal el menos	It's the lesser of two evils.
10.	quien ignora no duda	Ignorance is bliss.
11.	¡qué diantres!/ ¡por Díos!/ ¡por qué diablos!/¡demonios!	Why on earth!
12.	doble o nada	Double or nothing. Okay?
13.	dar un rodeo	The weather was so nice that we took the long way home.
14.	aparecer en el mercado	It will come on the market soon in Spain.
15.	tener una cuenta que saldar	She has an axe to grind with Marga about taking over the job.
16.	zurrer la badana/dar para el palo/romper/*partir la cara	The cops gave the guy the third degree but got nowhere.
17.	estar en la luna/en el limbo/ en la higuera	He left his wallet on the train. What an absent-minded professor !
18.	estar en el último puesto/lugar/en el pelotón de los torpes	In all the sales contests he comes out low man on the totem pole.

IDIOMS

1.	to be hard of hearing	Desde hace poco se ha vuelto algo duro de − − −.
2.	to let loose/let fly	¿Has oído lo que hizo Enrique ayer? Seguramente perdió − − − − −
3. a.	to steal the show	Desempeñaba un papel secundario pero conquistó al − − −.
b.	to be successful/be a hit	Tuvo − − −.
4.	to twist s.o. around your little finger	Carmen hace lo que quiere − − − − − −.
5.	a little bird told me so	Me lo ha dicho un − − −.
6.	if the cap (shoe) fits, wear it	El que se pica ajo − − −./Al que le pique que se − − −.
7.	too many cooks spoil the broth	Quien mucho abarca poco − − −.
8.	that's the 64-thousand- dollar question	Ahí está la madre del − − −.
9.	to give s.o. a snow-job/to lay it on/butter s.o. up	Fíjese come le − hace la p − − − / la g − − − / − la r − − −. − ríe las − − −. − da − − −.
10.	to give s.o. the run around	Le fuí a pedir ayuda y él se salió por la − − −.
11. a.	never say die!	¡A − − −! / ¡F − − −! / ¡D − − −!
b.	good luck!	¡A − − −! / ¡Suerte vista y al − − −!
12.	the die is cast	La suerte está − − −.
13.	he can stew in his own juice	Estoy harta de él. − Que se las − − − − − −. − Allá − − −. − Allá se las − − −.
14.	it's like water off a duck's back	No ha producido − − −.
15.	to go at a snail's pace	Carmen es una − − − para todo.
16.	to give the devil his due	Dad al César lo que es del − − −.
17.	that settles the score	Le devolví su dinero y quedamos en − − −.

MODISMOS

1.	ser duro de oído	Lately he's hard of hearing.
2.	perder los estribos	Did you hear Harry let loose. He certainly lost his temper.
3. a.	conquistar al público	He only had a bit-part but stole the show with it.
b.	tener éxito	He was a hit.
4.	hacer lo que quiere de otro	Carmen can twist him around her little finger.
5.	me lo ha dicho un pájarito	A little bird told me.
6.	el que se pica, ajo come/ al que le pique, que se rasque	If the cap (shoe) fits, wear it.
7.	quien mucho abarca poco aprieta	Too many cooks spoil the broth.
8.	ahí está la madre del cordero	That's the 64-thousand-dollar question.
9.	hacer la pelotilla/la gloria /la rosca/reír las gracias a alguien/dar coba	Listen to the buttering up (snow-job) he's giving her.
10.	salirse por la tangente	I went to him for help but he gave me the run around
11. a.	iaguante! / ifirme! / iduro! /	Never say die!
b.	iánimo! / isuerte, vista y al toro!	Good luck!
12.	la suerte está echada	The die is cast.
13.	que se las arregle solo/allá él/allá se las haya	I'm though with him. He can stew in his own juice.
14.	no ha producido efecto	It's like water off a duck's back
15.	es una remolona	Carmen goes at a snail's pace in everything she does.
16.	dad al César lo que es del César	You must give the devil his due.
17.	quedamos en paz	I gave him back the money and that settles the score between us.

124

IDIOMS

1. a man's home is his castle — Cada uno hace lo que quiere en su — — —.

2. to take a rain check/ arrange to keep a date another time — Lo siento pero hoy no podré venir. ¿No podría dejar esto para — — — — — —?

3. to play second-fiddle — Está más que harto de ser él — — —.

4. that's neither fish nor fowl/neither here nor there — No es ni — carne ni — — —. — chicha ni — — —.

5. to be forewarned is to be forearmed — Hombre prevenido vale — — — — — —.

6. a. it's hearsay — Lo sé — de — — — / de — — —.

b. as the story goes — Según — se — — —, ella fué quien lo dejó.

c. straight from the horse's mouth — Lo supe de buena — — —.

7. let bygones be bygones/ let's bury the hatchet/ make a clean sweep — Hagamos — t — — — — — — / las — — — / borrón y cuenta — — —. / Olvidemo lo — — —. / Lo pasado va — — —.

8. there was no turning the clock back — La decisión ya se había tomado y no se podía dar marcha — — —.

9. a stitch in time saves nine — Hagalo ahora, más vale prevenir que — — —.

10. the grass is always greener on the other side — Es siempre mejor lo del — — —.

11. I'm in seventh heaven — Estoy en la — — —.

12. to be as blind as a bat — Ella — ve menos que un — — —. — no ve tres en un — — —.

13. everyone to his own taste/ to each his own — A Ud. le gusta el chocolate y a mí no. En gustos no hay — — —. Sobre gustos no hay nada — — —. De gustos hay para — — —.

14. you're skating on thin ice — Pidiendo aumento al jefe, pisas terreno — — —.

15. that's a horse of a different colour — Ahora comprendo su punto de vista, — esto es harina de otro — — —. — es otro c — — —.

MODISMOS

1.	cada uno hace lo que quiere en su casa	A man's home is his castle.
2.	dejar para otro día	Sorry, I won't be able to come today, but I'll take a rain check.
3.	ser el segundón	He's tired of playing second-fiddle.
4.	no es ni carne ni pescado/ ni chicha ni limonada	That's neither fish nor fowl.
5.	hombre prevenido vale por dos	To be forewarned is to be foreamed.
6. a.	de oídas/de oídos	It's hearsay.
b.	según se cuenta	As the story goes it was she who left him.
c.	de buena fuente	I heard it straight from the horse's mouth.
7.	hagamos tabla rasa/las paces/borrón y cuenta nueva /olvidemos lo pasado/lo pasado ya pasó	Let bygones be bygones.
8.	dar marcha atrás	The decision was taken and there was no turning the clock back.
9.	más vale prevenir que curar	Do it now, a stitch in time saves nine.
10.	es siempre mejor lo del vecino	The grass is always greener on the other side.
11.	estoy en la gloria	I'm in seventh heaven.
12.	ver menos que un topo/no ver tres en un burro	She is as blind as a bat.
13.	en gustos no hay disputas/ sobre gustos no hay nada escrito/de gustos hay para todos	You like chocolate and I don't. To each his own.
14.	pisas terreno peligroso	By asking the boss for a rise you're skating on thin ice.
15.	es harina de otro costal/es otro cantar	Now I see your point and that's a horse of different colour.

IDIOMS

1. to rack one's brains

Me estuve devanando los − − − y sin embargo no logré dar con la solucción.

2. better late than never

Más vale − ahora que − − −.
− tarde que − − −.

3. it's not my cup of tea

No tengo ganas de ir a ver esa película.
No es de mi − − −.

4. to be caught with the goods

Prendieron a Pedro con las manos en la − − −.

5. a. it's his bread and butter

Si pierde eso, lo pierde todo.
Es la llave de su − − −.
Es su − − −.

b. to earn one's keep

Se ganó − los g − − −.
− el c − − −.
− las h − − − trabajando en casa.

6. come what may, whatever happens

Pase lo que − − −, no rectificaré ni an ápice/ de lo que dije.

7. it's enough to drive you crazy

Sus continuos embustes son como para volverle − − − − − − − − −.

8. a. I could stand a drink

Tomaría una copa muy − − −.

b. let's go and have a drink

Vamos a beber − v − − −.
− un c − − − .

c. to make the rounds (bars)

Vamos − a c − − −.
− de c − − −.
− de t − − −.

9. go to the dogs/be on the rocks

Desde la muerte del jefe, el negocio
− va cuesta − − −.
− se va a − − −.

10. it's as plain as the nose on your face/plain as can be

Está más claro que la luz − del − − −.
Es tan claro como − dos y dos son − − − .
− dos y tres son − - −.

11. to lead the life of Riley/ to live like a king/ have it easy

Su esposa le trata a cuerpo de − − −.
Con su esposa vive como un − p - − − .
− o − − −.
− c − − −.

MODISMOS

1.	devanarse los sesos	I've racked my brains and still can't find the answer.
2.	más vale hora que nunca/ tarde que nunca	Better late than never
3.	no es de mi gusto	I really don't feel like seeing that film. It's just not my cup of tea.
4.	prender con las manos en la masa	Peter was caught with the goods.
5. a.	es la llave de su despensa/ es su ganapán	If he loses that, everything's gone. It's his bread and butter.
b.	ganarse los garbanzos/el cocido/las habichuelas	He earned his keep working in the house.
6.	pase lo que pase . . .	Come what may, I will absolutely not go back on my word.
7.	son como para volverle loco a uno	His continual lying is enough to drive you crazy.
8. a.	tomaría una copa muy a gusto	I could stand a drink.
b.	beber un chato/vinos	Let's go and have a drink.
c.	ir de chateo/a chatear/de tasqueo	Let's make the rounds.
9.	va cuesta abajo/se va a pique	Since the big boss died the business has gone to the dogs.
10.	está más claro que la luz del día/del sol/es tan claro como dos y dos son cuatro /como dos y tres son cinco	It's as plain as the nose on your face.
11.	tratar a cuerpo de rey/vivir como un pachá/un cura/ un obispo	He's leading the life of Riley with his wife.

IDIOMS

1.	half a loaf is better than none	Más vale poco que − − −.
2.	to be a cop-out/a let-down	Esta película termina en agua de − − −.
3.	not to hold a candle to s.o./ to be outclassed	Pepe no llega − al − − − de su hermano. − a la suela del − − −. − a los − − −.
4.	to spell it out	¿Quieres que ponga los puntos sobre las − − −?
5.	it's six of one, half a dozen of the other	Olivo y aceituno, todo es − − −.
6.	to turn a deaf ear to	Cada vaz que le pido algo, se hace el − − −.
7.	to do one's best/utmost	Haré todo lo − − − para ayudarte.
8.	to make a pile/a fortune	José hizo − su − − − − un − − − − se puso las − − − − se f − − − en Méjico.
9.	will . . . do?	¿Te − − − − − − el sabado?
10.	when in Rome, do as the Romans do	Donde fueres haz lo que − − −;
11.	do as I say, but not as I do	Haga lo que digo, pero no lo que − − −.
12. a.	I don't know anything about him/what's he up to?	No sé − nada − − − − − −. − qué es − − − − − − desde un año.
b.	I haven't seen him in a dog's age	Hace mucho que no se le ve el − − −.
13.	get lost!	¡Vete a hacer − − −!
14.	there's nothing new under the sun	No hay nada nuevo bajo el − − −.
15.	I have nothing to do with it	No tengo arte ni − − −.
16.	what a small world!	El mundo es un − − −.
17.	. . . hair stands on end	Esto me pone los pelos de − − −.
18.	he has ants in his pants	Se mueve − más que un saco lleno de − − −. − como una castaña en boca de − − −.

MODISMOS

1.	más vale poco que nada	Half a loaf is better than none.
2.	terminar en agua de borrajas	This film was a cop-out.
3.	no llegar al tobillo/a la suela del zapato/a los talones de alguien	Joe doesn't hold a candle to his brother.
4.	poner los puntos sobre las íes	Do I have to spell it out?
5.	olivo y aceituno todo es uno	It's six of one, half a dozen of the other.
6.	hacerse el sordo	Every time I ask him for something he turns a deaf ear.
7.	hacer todo lo posible	I will do my best to help you.
8.	hacer un manojo/su agosto/ ponerse las botas/forrarse	José made a pile in Mexico.
9.	¿te viene bien . . .?	Will Saturday do?
10.	donde fueres haz lo que vieres	When in Rome, do as the Romans do.
11.	haga lo que digo, pero no lo que hago	Do as I say, but not as I do.
12. a.	no sé nada de él/qué es de él	I don't know anything about him.
b.	*que no se le ve el pelo	I haven't seen him in a dog's age.
13.	* ¡vete a hacer gárgaras!	Get lost!
14.	no hay nada nuevo bajo el sol	There's nothing new under the sun.
15.	no tengo arte ni parte	I have nothing to do with it.
16.	¡el mundo es un pañuelo!	What a small world!
17.	esto me pone los pelos de punta	It makes my hair stand on end.
18.	se mueve más que un saco lleno de lagartijas/como una castaña/en boca de viejo	He has ants in his pants.

IDIOMS

1.	just one of those things	Un día es un — — — .
2.	there wasn't a soul	No había tres — — — . Había cuatro — — — .
3.	to be as happy as a lark	Juanita es — más alegre que unas — — — . — alegre como unas — — — .
4.	I don't trust anyone	No me fío ni de mi p — — — .
5.	to bring s.o. down to earth	Su padre le hizo sentar la — — — .
6.	to have the makings of	Tiene — — — de un campeón.
7.	tomorrow is another day	Mañana será otro — — — . No pensemos en el — — — — — — .
8. a.	to be a mean critter/stinker	Este niño es más malo que la — — — / p — — — .
b.	he's a holy terror	Es de la piel del — — — .
9.	to be well known	Le conocen hasta los — — — .
10.	it makes my mouth water	Se me hace la boca — — — .
11.	to go into detail/make a song and dance	Me lo contó con todos sus — puntos y — — — . — pelos y — — — .
12.	to come out of the blue	Esta observación me cogió — — — .
13. a.	I don't feel like laughing	No estoy para — — — .
b.	it's no laughing matter	No — le veo la — — — . — me hace — — — .
14.	to think highly of s.o.	Mi padre tiene buen — — — de Antonio.
15.	it went to his head	Toda la atención de que era objeto se le ha subido — — — — — — .
16.	let sleeping dogs lie/leave well enough alone .	Vaya Ud. a preguntárselo si quiere pero yo considero que más vale no — m — — — . — t — — — .
17.	let's give him the benefit of the doubt	Yo tampoco estoy seguro. Sin embargo dejémosle el beneficio de la — — — .
18.	to champ at the bit	Solo hace dos años que está casado y ya se está mordiendo los — — — .

MODISMOS

1. un día es un día	It's just one of those things.
2. no había tres pelagatos/ había cuatro gatos	There wasn't a soul.
3. ser más alegre que unas pascuas/alegre como unas castañuelas	Janet is as happy as a lark.
4. no me fío ni de mi padre	I don't trust anyone.
5. hacer sentar la cabeza a uno	His father brought him down to earth.
6. tener madera de	He has the makings of a champion.
7. mañana será otro día/no pensemos en el día de mañana	Tomorrow is another day.
8. a. ser más malo que la peste/la sarna	This kid is a mean critter.
b. es de la piel del diablo	He's a holy terror.
9. le conocen hasta los gatos	He's well known.
10. se me hace la boca agua	It makes my mouth water.
11. contar algo con todos sus puntos y comas/sus pelos y señales	He made a song and dance about it.
12. coger a alguien desprevenido	That remark came out of the blue.
13. a. no estoy para bromas	I don't feel like laughing.
b. no le veo la gracia/no me hace gracia	It's no laughing matter.
14. tener buen concepto de alguien	My father thinks highly of Tony.
15. se le ha subido a la cabeza	All the attention went to his head.
16. más vale no tocarlo/no meneallo	Go ahead and ask him if you want to, but I would let sleeping dogs lie.
17. dejar el beneficio de la duda	I am not sure either. However, let's give him the benefit of the doubt.
18. morderse los puños	He has only been married for two years and he's already champing at the bit

IDIOMS

1.	do or die/sink or swim/matter of life or death	Tengo que hacer firmar este contrato. Es un asunto de vida o — — —.
2.	to carry a torch	Esta chica se le había metido a él — — —.
3.	spare the rod and spoil the child	Quien bien te quiere te hará — — —.
4.	time is money	El tiempo es — — —.
5.	to hightail it/run as fast as your legs can carry you/run like a bat out of hell.	Se fué a — todo m — — — / g — — — / m — — — / tr — — —. — es — — —. — mil por — — —.
6.	to draw stg. out of s.o.	Le — tiró de la — — — — sacó la — — —. — sonsacó la — — —.
7.	she's past her prime	Debería de dejar de llevar minifaldas, pues ya no está en la flor de — la j — — — / la e — — —.
8.	believe it or not	Se ha comido las catorce hamburgesas, créase o — — —.
9.	to be all spruced up/dressed up	José va — vestido de punta en — — —. — muy p — — — / t — — —. — hecho un brazo de — — —.
10.	a bird in the hand is worth two in the bush	Más vale pájaro en mano que ciento — — —.
11.	it's as clear as mud	Hace 20 minutos que está Ud. hablando y no se puede sacar nada. Se puede sacar nada — en c — — — / en l — — —.
12. a.	he rules the roost/runs the show/lays down the law	Aquí es — el amo del — — — — el que hace y d — — —. — el que m — — —.
b.	≠ he has no say in the matter	≠ Este ni pincha ni — — —.
13.	to cloud the issue	¡No hable más de ello! Sólo conseguiría embrollar más el — — —.
14.	let's put our cards on the table/let's play fair and square	Pongamos las cartas boca — — —. Seamos f — — — y pongamos punto final.
15.	to add fuel to the fire	Esto sólo consiguió echar más leña al — — —.

133

MODISMOS

1. es asunto de vida o muerte	I must get this contract signed. It's a matter of life or death.
2. se le había metido a él dentro	He's still carrying a torch.
3. quien bien te quiere te hará llorar	Spare the rod and spoil the child.
4. el tiempo es oro	Time is money.
5. ir a todo meter/a todo gas/ a todo mecha/a todo trapo/a escape/a mil por hora	He ran as fast as his legs could carry him.
6. tirar de la lengua/sacar la verdad/sonsacar la verdad	They drew it out of him.
7. ₁ no está en la flor de la juventud/de la edad	She should stop wearing minis. She is past her prime.
8. créase o no	Believe it or not, she ate all 14 hamburgers.
9. ir vestido de punta en blanco/ muy peripuesto/trajeado/ hecho un brazo de mar	Joe is all spruced up.
10. más vale pájaro en mano que ciento volando	A bird in the hand is worth two in the bush.
11. sacar algo en claro/en limpio	You've been speaking for 20 minutes and it's still as clear as mud.
12. a. es el amo del cotarro/el que hace y deshace/*el que mangonea	He rules the roost here.
b. ≠ ni pincha ni corta	≠ He has no say in the matter.
13. embrollar un asunto	Please don't mention that. It will only cloud the issue.
14. poner las cartas boca arriba/ ser francos	Let's put our cards on the table and make a deal.
15. echar leña al fuego	That only added fuel to the fire.

IDIOMS

1. **stop splitting hairs/nitpicking**

Déjese de − buscar pelos al ⋯ − − .
− ser un c − − − .
− buscarle tres pies al − − − .
− hilar muy − − − .
− reparar en p − − − .

2. **through thick and thin**

Se mantuvo a mi favor − a pesar de − − − .
− a d − − − − − − .
− contra viento y − − − .

3. **to wear the pants**

En España las mujeres no son las que llevan
− los p − − − / la b − − − .

4. **that's food for thought**

Eso me da que − − − .

5. **to have a heart of gold**

Tiene un corazón de − − − .

6. **to feel as fit as a fiddle**

Me siento en plena − − − desde la operación.

7. **he's the picture of health**

Jaime, desde las vacaciones está que rebosa − − − .

8. **to rub people up the wrong way**

No sabe tratar a la − − − .

9. **to strike while the iron is hot/ make hay while the sun shines**

Creo que más vale hacer las cosas en − − − .
Al hierro candente batir de − − − .

10. **to sleep like a log**

Dormí como un t − − − / l − − − / b − − − .

11. **be that as it may**

Sea lo que − − − , no quiero verla más.

12. **as old as the hills**

Ese cuento es más viejo que − la l − − − /
/ la p − − − .

13. **it's like trying to put a square peg in a round hole**

Es imposible. Esto es la cuadratura del − − − .

14. **it's now or never**

Es ahora o − − − .

15. **to take s.o. down a peg or two/cut s.o. down to size**

El hecho de haber perdido el contrato le ha hecho bajar los − − − .

16. **the odds are in her favour**

La suerte está de su − − − .

17. **to make a mountain out of a molehill**

Déjese de hacer una m − − − de eso, no es tan difícil.

18. **I can hold my own**

Me d − − − .
No se me da − − − .

135

MODISMOS

1.	buscar pelos al huevo/ buscarle tres pies al gato/ser un chinche/hilar muy fino/ reparar en pelillos	Stop splitting hairs!
2.	a pesar de todo/a despecho de todo/contra viento y marea	Through thick and thin, he stuck with me.
3.	llevar los pantalones/la batuta	In Spain, the women certainly don't wear the pants.
4.	eso me da que pensar	That's food for thought.
5.	tener un corazón de oro	He has a heart of gold.
6.	sentirse en plena forma	I feel as fit as a fiddle since the operation.
7.	rebosa salud	Since your vacation, Jack, you're really the picture of health.
8.	no sabe tratar a la gente	He has the knack of rubbing people up the wrong way.
9.	hacer las cosas en caliente/ al hierro candente batir de repente	I think it's best to strike while the iron is hot.
10.	dormir como un tronco/un lirón/un bendito	I slept like a log.
11.	sea lo que sea	Be that as it may, I don't want to see him again.
12.	ser más viejo que la luna/la pana	That story is as old as the hills.
13.	es la cuadratura del círculo	It's impossible. It's like trying to fit a square peg in a round hole.
14.	es ahora o nunca	It's now or never.
15.	bajar los humos	The loss of the contract took him down a peg or two.
16.	la suerte está de su parte	The odds are in her favour.
17.	hacer una montaña de algo	Stop making a mountain out of a molehill.
18.	me defiendo/no se me da mal	I can hold my own.

IDIOMS

1. it remains to be seen if ...

Dijo que lo haría pero queda por — — — lo hará.

2. to give s.o. the slip

Escurí el — — —.
Le dio el — — —.
Me despedí a la — — —.

3. the more, the merrier

Cuantos más seamos, — — —.

4. to make ends meet

Hay que — hacer — — —.
   — ir t — — — para vivir.
   — rascarse los — — —.

5. two heads are better than one

Dos ojos ven más que — — —.

6. to the bitter end

Era muy aburrido, pero tuve que apurar el cáliz hasta las — — —.

7. keep your fingers crossed!

¡Toquemos — — —!

8. he likes to sleep late

¡Chitón! Ya sabéis que a vuestro padre se le pegan las — — — el domingo por la mañana.

9. to be in the same boat

Por Dios, no se queje más. Estamos todos en el mismo — — —.

10. it blows hot and cold

Uno no sabe nunca a que atenerse con ella. Da siempre una de cal y otra de — — —.

11. to combine business with pleasure

Muchos americanos cuando vienen a Madrid, tratan de unir lo útil con — — — — — —.

12. that's a load off (my ...) mind

¡Uf! Me ha quitado Ud. un gran peso de — — —.

13. you be the judge

Juzgue por — sí — — —.
   — su — — —.

14. he's stark-raving mad/out of his mind/as mad as a hatter/ off his nut

Está — loco de a — — — / r — — —.
   — como una — — —.
   — m — — — / c — — —.
Le falta un — — —.
Ha perdido la — — —.

15. he has a low boiling point/ he's quick tempered

Tenga cuidado. Cuando sale de sus casillas.
   — tiene un genio — — —.
   — es i — — —.

16. to leave in the lurch/high and dry/out on a limb

Dejó a su mujer en la — — — y se marchó con su querida.

MODISMOS

1. queda por saber si . . .

    He said he would do it, but it remains to be seen if he will.

2. escurrir el bulto/dar el esquinazo/despedirse a la francesa

    I gave him the slip.

3. cuantos más seamos, mejor

    The more, the merrier.

4. /hacer equilibrios/ir tirando/ rascarse los bolsillos

    It's hard to make ends meet.

5. dos ojos ven más que uno

    Two heads are better than one.

6. apurar el cáliz hasta las haces

    It was such a bore but I had to stay to the bitter end anyway.

7. ¡toquemos madera!

    Keep your fingers crossed!

8. . . . se le pegan las sábanas

    Ssssh, you know your father likes to sleep late Sundays.

9. estar en el mismo caso

    For heaven's sake, stop complaining! We're in the same boat.

10. dar una de cal y otra de arena

    You never know where you stand with her. She blows hot one day and cold the next.

11. unir lo útil con lo agradable

    Most Americans try to combine business with pleasure when coming to Madrid.

12. me ha quitado un gran peso de encima

    Wow, that's a load off my mind!

13. juezgue por sí mismo/por su cuenta

    You be the judge.

14. *está loco de atar/*de remata/*chiflado/*majareta /*ha perdido la cabeza/*le falta un tornillo/ha perdido la cabeza

    He's as mad as a hatter.

15. tiene un genio muy vivo/es irascible

    Watch out! When he gets angry, he has a low boiling point.

16. dejar en la estacada

    He left his wife in the lurch, and ran off with his mistress.

ADVERBS AND PHRASES

ADVERBS AND PHRASES

1.	hardly, barely	apenas
2.	anyway, anyhow	en cualquier caso, de todas formas, de cualquier manera
3.	one out of five	uno de cada cinco
4.	on purpose	adrede, de propósito, aposte
5.	in any case, at any rate	de todas formas
6.	however	sin embargo, empero
7.	immediately, right now, at once	enseguida, inmediatamente, ahora mismo
8.	although	aunque, si bien
9.	in spite of, despite	a pesar de, pese a, a despecho de
10.	together	juntos, juntas
11.	not any more, not any longer	basta, no . . . más·
12.	every other week	cada dos semanas, una semana sí otra no, cada 15 días
13.	regardless, whatever, no matter what	sea el que sea, cualquiera que sea, sea lo que sea
14.	besides, what's more, furthermore, moreover	además, por otra parte
15.	all day long	en todo el día
16.	on the whole, by and large	en conjunto
17.	for good, forever	para siempre, para siempre jamás
18.	nowadays	en nuestros tiempos, hoy en día
19.	briefly, to make a long story short, in a nutshell	en resumen, en dos palabras resumiendo, en resumidas cuentas, total
20. a.	a little while ago	hace un rato
b.	in a little while	dentro de un momento
21.	beyond	más allá
22.	as regards, in so far as	en cuanto a
23.	be so good as, do me the favour of	le ruego que (+ subj.), hágame el favor de . . .
24.	as a matter of course	automáticamente
25.	of late, lately	últimamente, por último,

ADVERBIOS Y FRASES

26.	at times, sometimes	a veces
27.	it still remains that	a pesar de éso, a pesar de los pesares
28.	afterwards	después, ulteriormente, más tarde, luego
29.	at first, from the first	primero, en primer lugar, desde el principio
30.	sooner or later	tarde o temprano, antes o después
31.	eventually	dentro de unos días
32.	definitely	absolutamente, desde luego, seguro, seguramente
33.	by (June)	de hoy a (junio)
34.	all over, everywhere	por todas partes
35.	as of, from . . . on . . .	desde . . .
36.	this time next week	de hoy en ocho
37.	if not, or else	sino
38.	in the short run	a corto plazo
39.	the following night	la noche siguiente
40.	shortly before	poco tiempo antes
41.	off and on, now and then, from time to time	de vez en cuando, de cuando en cuando, de vez en vez
42.	apart from	aparte de, dejando de lado
43.	for the sake of argument	por el bien de la causa
44.	hence, thus, therefore	pues, luego, por consiguiente
45.	that's a case in point, for example	por ejemplo, como ejemplo
46.	it's likely that, liable that	es fácil que, probable que, posible que
47.	round about, approximately, just about	aproximadamente, más o menos, unos, unas
48.	owing to, due to	por, debido a, con motivo a
49.	prior to, before	antes, antes de, con anterioridad a
50.	in the same way, similarly, likewise	igualmente
51.	altogether, completely, through and through	completamente, cien por cien, enteramente
52.	no wonder	no es de extrañar, no es de asombrar

53.	first and foremost	en primer lugar y ante todo
54.	presumably	en principio, probablemente
55.	once and for all	de una vez por todas
56.	of long standing	desde hace mucho (tiempo)
57.	somehow	de una forma o de otra, de uno u otro modo, de una manera o de otra
58.	all the more	tanto más . . . que, tanto más . . . cuanto que
59.	as we go along	a medida que, según
60.	in the midst of, middle of	en medio de, en la mitad de (a mediados de)
61.	as for, as far as . . . goes	en cuanto a, relativo a, por lo que reza, con respecto a
62.	above all	por encima de todo, sobre todo
63.	on the verge of, about to	a punto de
64.	we might as well (go)	igual da (que vayamos ahora) es igual . . . , es lo mismo . . .
65.	if so	en cuyo caso, en dicho caso
66.	an hour or so	una hora más o menos
67.	by far	de lejos, desde lejos
68.	ages ago	hace un siglo, en el año de la nana, de la pera
69.	unless	a menos que, a no ser que
70.	by the day/month, etc	al día, al mes, etc.
71.	to make things worse, crown it all	para colmo de desgracias
72.	on top of that/to boot	y eso no es todo, además, encima
73.	in due time	a su debido tiempo
74.	out of the way, a long way off, far away	al diablo, en el quinto pino, *donde Cristo dió las tres voces
75.	in a row	en hilera, uno trás otro
76.	as a rule, generally	en general, generalmente, por lo regular
77.	the next to the last (day)	el penúltimo (día)
78.	endless	ilimitado
79.	(10 things) at once	(10 cosas) a la vez

80.	in the long run	a la larga, con el tiempo
81.	few and far between/unusual	inhabitual, inusitado, desacostumbrado
82.	just in case	en caso de, si por casualidad, si acaso
83.	pre/post (war, etc.)	pre/post (guerra)
84.	'the point is . . . / the trouble is . . .	el problema es que . . .
85.	in no time at all	en un abrir y cerrar de ojos, en un santiamén, en un dos por tres, en un tris
86.	all things considered, all in all, when all's said and done	resumiendo, en resumidas cuentas
87. a.	ex	ex (marido)
b.	late (husband, etc.)	difunto, finado (marido)
88.	needless to say	no es preciso decir
89.	without fail	sin falta
90.	what else? nothing else	¿qué más? nada más
91.	over three years, more than	más de tres años
92.	given that, since	dado que
93.	bearing in mind	habido cuenta de
94.	to such an extent that	hasta tal punto que
95.	as long as, in so far as	siempre qué
96.	so as to (not to)	de forma que, con objeto de
97.	on the assumption that, assuming that	suponiendo que
98.	if everything goes all right	si todo anda bien
99.	with this in mind	con esta perspectiva
100.	that's what I was getting at	a esto quería yo llegar
101.	while we're about it	ya qué estamos en eso
102.	notwithstanding	sin embargo
103.	even so/if	incluso si
104. a.	however (rich) he may be	por (rico) que sea
b.	however hard I work	por más que trabajo
105.	if only	aunque sólo fuera por

ADVERBS AND PHRASES

106.	throughout the year	durante todo el año
107.	at random	al azar, por casualidad
108.	in vain, to no avail, it's useless	en vano, en balde
109.	let alone	sin hablar de, sin contar con
110.	whereas	mientras que, mientras, durante
111.	enclosed	adjunto
112.	little though it may be, although it's not much	por poco que sea
113.	far from it	ni mucho menos
114.	for many a year	durante varios años
115.	if it comes to the worst	en el peor de los casos
116.	but for ...	sin ...
117.	on the spot, immediately	en el acto
118.	sideways/inside out/upside down	a un lado/ al revés/ boca bajo
119. a.	no matter what, whatever	cualquier (cosa)
b.	no matter which, whichever	cualquier (persona)
c.	no matter when, whenever	cualquier (momento)
120.	mainly	fundamentalmente
121.	so many (pesetas)	unas (pesetas), unas cuantas, equis (pesetas)
122.	after a fashion	mal que bien
123.	for a while	durante un momento, un rato
124.	beforehand	por anticipado, por adelantado, de antemano
125.	indeed	ciertamente, sin duda, desde luego
126.	the sooner, the better	cuanto antes mejor
127.	at the utmost	como máximo, todo lo más.
128.	so far, up to now	hasta aquí, hasta ahora
129.	on the other hand	por otra parte, en cambio, al contrario
130.	among	entre
131.	otherwise	de otra forma, de otra manera

132.	instead of	en lugar de
133. a.	the day before yesterday	anteayer, antes de ayer,
b.	the day after tomorrow	pasado mañana
134.	expecting, looking forward to	en espera de, esperando
135.	so that	para que (+ subj.)
136.	suddenly, all of a sudden	de repente, de pronto, repentinamente
137.	at any moment	de un momento a otro
138.	needless to say	no hay que decir
139.	all the more reason	con más razón aún
140.	as far as I know	que yo sepa
141.	to all intents and purposes	a todos los efectos, por si hace falta
142.	happily, luckily, by chance	afortunadamente, gracias a Dios, por suerte
143.	a short/long term	a corto/largo plazo
144.	in relation to/as regards	a propósito de
145.	somehow (or other)	de una forma o de otra
146.	perhaps, may be	tal vez, puede ser que, quizás
147.	every day/month, etc.	cada día, mes, etc.
148.	officiously	oficiosamente

SOME BUSINESS TERMS

VOCABULARIO DE NEGOCIOS

1. a. assets ≠ liabilities	activo ≠ passivo
b. stock-market	la Bolsa
c. stockbroker	agente de Cambio y Bolsa
d. a share, stock	una acción, una parte
2. a. assembly line	cadena de montaje
b. mass production ≠ by the piece	trabajo en cadena ≠ por piezas
3. balance sheet	balance
4. to balance the books	saldar una cuenta
5. a. bank rate	tasa del Banco de Francia
b. minimum lending rate	tasa mínima sobre préstamos, tasa mínima de préstamo
c. rate of exchange	tasa de cambio
d. compound interest	interés compuesto
6. bankruptcy	bancarrota, quiebra
7. a bargain	un buen negocio
8. a. a bid, to bid	una oferta, hacer una oferta
b. auction sale	subasta
c. the highest bidder	puja, mejor postor
d. estimate	presupuesto
9. a. board of directors	consejo de Adminstración
b. board meeting	reunión/sesión de la directiva/del consejo de Administración
10. book-keeping, accounting	la contabilidad
11. report	informe
12. errand boy	muchacho de los recados, botones
13. a. to print	imprimir
b. a printer	un impresor
14. a. guarantee	fianza
b. instalment	plazo
c. deposit	señal
d. something off	descuento

148

SOME BUSINESS TERMS

15.	department store	gran almacén
16.	to endorse	endosar
17.	estate	la sucesión, los bienes
18.	face-value	valor nominal
19. a.	to load ≠ unload	cargar ≠ descargar
b.	dispatch	una remesa
c.	forwarding agent	agente de tránsito
d.	shipper	cargador
e.	freight, cargo	el cargamento, la carga
20.	please advise	tenga a bien notificar
21.	under separate cover	en sobre aparte
22.	gold standard	patrón oro
23.	goodwill	renombre, acuerdo, clientela, traspaso
24. a.	investment	una inversión
b.	to invest	invertir
c.	investor, backer	inversionista
25.	gross profit ≠ net profit	beneficio bruto ≠ beneficio neto
26.	a loan	un préstamo
27.	seniority	prioridad de edad, antigüedad
28.	wholesale ≠ retail	venta al por mayor ≠ al detalle
29.	freight prepaid	porte pagado
	≠ freight collect	porte debido
30. a.	ex-works	salida de fábrica
b.	FOB	libre a bordo
31. a.	acknowledgement of receipt	acuse de recibo
b.	we have duly received	acusamos recibo, hemos recibido
32.	to hire, take on, engage ≠ to fire, lay off, sack, to oust, give the axe	contratar, emplear despedir, licenciar, echar a la calle, ponerle en la puerta de la calle, hacer abandonar el trabajo
33. a.	to honour an obligation	hacer frente a, encararse
b.	IOU	vale
c.	security	una garantía, fianza, caución

149

VOCABULARIO DE NEGOCIOS

34. a merger	una fusión de empresa
35. middle man	intermediario
36. a. a mortgage	hipoteca
b. a lease	un contrato de arrendamiento
c. rent	alquiler
d. to sublet	realquiler
37. overall picture	vistazo, vista general, panorámica
38. a. the output	la producción
b. turnover	ingresos totales, ventas totales
39. a. overheads	gastos generales
b. expense account	nota de gastos
c. expenditures	gastos desembolsos
40. a. head office	la central
b. branch office	sucursal
c. parent company	compañía controladora, matriz
41. poll	tanteo, sondeo
42. power of attorney	poder, procuración
43. quota	contingente
44. dry dock	sin fondos
45. interview	entrevista
46. a. to rig, fix	traficar, trucar, falsear
b. a bribe	una manga (trampear)
c. a kickback	don bajo cuerda
47. a deal	un acuerdo, arreglo
48. a. discount bank	Banco de Descuento
b. checking account /bank account	cuenta bancaria
c. savings bank	caja de ahorros
49. winding-up of a business	liquidación de un negocio
50. schedule	programa, agenda

SOME BUSINESS TERMS

51.	silent partners	comanditarios
52.	sliding scale	escala móvil
53.	recession, slump, lag ≠ hike, upward trend	una baja ≠ un alza, subida
54.	to smuggle	hacer contrabando
55. a.	to sue	procesar, perseguir en justicia
b.	a suit	un proceso
56. a.	a trade union	sindicato obrero
b.	a strike	una huelga
57.	COD ≠ prepaid	contrareembolso ≠ pagado por adelantado
58.	tenure	periodo de disfrute o de alquiler
59.	due on	al término de
60. a.	to underwrite	suscribir
b.	to subsidize	subvencionar
61. a.	a voucher	un justificativo, justificante
b.	to vouch	ser fiador
62.	working capital	fondos de movimiento, de operacioneş
63.	to write off	amortizar, pasar a Pérdidas y Ganancias
64.	a steady demand	un encargo reiterado, una demanda apoyada
65.	it's worthwhile	esto vale la pena
66.	it's a 'must'	es obligatorio, imperativo
67.	remittance, to remit	entrega de dinero/remesa, envío de dinero
68.	working to capacity	trabajo a pleno rendimiento
69.	a complaint, to claim	una reclamación, reclamar
70.	at a loss to understand	no alcanzamos a entender, no llegamos a . . .
71.	to take for granted	dar por hecho
72.	to have market potential	tener un mercado en potencia
73.	to thrash out	discutir un problema en todos sus aspectos
74.	to break ground	echar cimientos
75.	a backlog	trabajo acumulado
76.	to keep pace with	seguir el ritmo

77. supply and demand.	la oferta y la demanda
78. a. a trial order	un pedido de prueba
b. a sample	una muestra
79. a lead, tip (to give)	dar confidencialmente un dato, echar una mano
80. leaflet, folder, brochure	un prospecto, folleto
81. shortcomings, flaws	defectos, imperfecciones
82. spare parts	piezas sueltas, de recambio
83. to match in price	ser competitivo
84. bill outstanding, overdue ≠ paid up	facture pendiente ≠ pagada
85. to overbuy	comprar en demasía
86. a brainwashing	un lavado de cerebro
87. key money	traspaso
88. storekeeper, shopkeeper	comerciante
89. an ad	un anuncio
90. a gimmick	un detalle, la cosa, un truco
91. to file taxes, submit a tax return	declaración de impuestos
92. by return mail	a vuelta de correo
93. at your disposal	a su disposición
94. please find enclosed	le remito adjunto
95. a follow-up letter	una carta recordatoria
96. liable/subject to duty	sujeto a impuestos
97. a. bank note	billete de banco
b. maintenance	conservación
c. hard cash	dinero contante y sonante
d. bill of exchange, draft	letra de cambio
98. filing cabinet	archivo, clasificador
99. departmental head	jefe de servicio, encargado
100. to entrust to, confide in	confiar a, entregar

SOME BUSINESS TERMS

101. a. pay-roll	nómina
b. pay-sheet	hoja de pago
102. unless otherwise stated	salvo aviso contrario
103. we would appreciate/ would you be so kind as to	le agredeceríamos tuviese a bien
104. a. handle with care, fragile	frágil
b. damaged	dañado, averiado
105. deed	escritura
106. free of charge, on the house	sin gastos
107. to refund, reimburse	reembolsar
108. a. cost price	precio de coste
b. list price	precio de catálogo
c. at any price	a cualquier precio
d. average price inclusive	precio medio, todo comprendido
109. legal tender	curso legal
110. letter of apology	carta de excusas
111. letterhead	papel impreso
112. a. yours faithfully	reciba Ud.
b. sincerely yours.	saludos
c. warmest personal regards	amistosamente
d. fondly	afectuosamente, un abrazo
e. love (and kisses)	muchos besos

FALSE FRIENDS

FALSE FRIENDS

TRANSLATE

1. discutir
2. constipado
3. cigarro
4. carta
5. procurar
6. competencia
7. existencias
8. divisar
9. suceso
10. quitar
11. campana
12. mesa

13. tabla
14. gafas
15. criar
16. exprimir
17. admirarse
18. un oficial
19. pensión
20. datos
21. salado
22. falta
23. un paisano
24. realizar
25. contestar

FALSOS AMIGOS

KEY

1. to dispute, argue (discutir = charlar)
2. to have a cold (constipated = estreñido)
3. cigarette (cigar = puro)
4. letter (postcard = postal)
5. to try (to procure = lograr)
6. competition (competent = competente)
7. stock, goods (existence = existencia)
8. to glimpse (to divide = dividir)
9. an event (to be successful = tener éxito)
10. to take off (quítate de aquí = get out) to quit = abandonar
11. a bell (campo = country, campaña = company)
12. a table (mass = misa)

13. a board (table = mesa)
14. gafas = glasses (a blunder = pifia)
15. to educate, bring up (cry = llorar)
16. /to squeeze, press/express oneself (expresarse = express)
17. to be surprised (to admire = admirar)
18. worker or official
19. room and board, or pension
20. information (date = fecha)
21. spicy or funny (salad = ensalade)
22. error (fault = culpa)
23. /fellow countryman/civilian (peasant = campesino)
24. to do, put on, etc. (to realize = darse cuenta)
25. to answer (to contest = disputar)

WORDS AND EXPRESSIONS 'NOT TO SAY'

Why this list?

a) to understand, and therefore be in a position to avoid, words having a double meaning which might shock.
b) to understand certain writers, such as Camilo José Cela, whose vocabulary is particularly colourful,
c) to have an uncensored vocabulary — if you want one.

1. it's a pain in the ass! — ¡esto es la coña!, ¡la hostia!, es jodido, cargoso, cagador, me hincha las pelotas, las huevas

2. to kick up a stink — cabrearse, estar cabreado

3. fuck off!, screw you! — ¡vate a la mierda!, ¡a hacer puñetas!, ¡a tomar por el culo!

4. hooker, whore, slut — puta, fulana, zorra, tía, furcia, mujer perdida

5. to smooch, pet — meter mano, magrear, manosear

6. boobs — (delantera), tetas, limones

7. to come — gozar

8. bare-assed — a pelo, en pelota, en cueros, en bolas

9. to be a schmuck, an ass — ser un cojonazos, tenerlo como el caballo de Santiago, un boludo, pelutudo, huevón, conchudo, cojonudo

10. balls, nuts — cojones, pelotas, huevos, bolas

11. I've fucking had it (fed up) — estoy hasta los cojones, haste el moño

12. a. fag, fairy — marica, maricón, mariquita, ser de la acera de enfrente

   b. ≠ dyke, lesbo, les — ≠ una tortillera, un marimacho, bombo

13. it's one hell of a . . . — está cojonudo, de cojones, de puta madre

14. to give s.o. the clap — ponérsele a uno los cojones en la garganta, ponérsele los cojones por corbata

15. a. kisser, mug — la jeta

   b. to bitch — poner jeta

16. that's the fuck the way it is (the end justifies the means) — el que quiere peces que se moja el culo

17. whorehouse, flophouse — burdel, casa de putas, de citas

18. a. to be scared shitless — estar acojonado, no tener cojones, cagarse de miedo

   b. he's got no balls — es un cagado, cagón, caguete

   c. ≠ he's got balls — ≠ tiene cojones

19. snot — (napias, porra)

20. to be on the make — taner plan con (una chica), liguar (ir de lígue), pinchar

21.	a hell-raiser	un follonero
22.	to get loaded, blind, soused	coger una ~~mierda~~ *borrachera*
23.	it stinks	apesta, huele a rayos
24.	to jerk off	correrse
25. a.	to shit	cagar, poner un huevo
b.	shit house	la cagadera
26. a.	to take a leak, a piss	mear (cambiar el agua al canario), (echar una meadita), hacer pis
b.	street urinal (slang)	el meadero
27.	to screw, sock it, lay	joder, follar, tirarse a, beneficiarse a, echar un polvo, el palo, cepillar, mandársela, echarse un fierrazo
28.	cock, tool, prick	el pito, miembro, carajo, la picha, polla, verga, pija, minga, poronga, choto, (la pajarita, el pitilin, la pistolita, el pitlin, la pistolita, el gusa nito = for children)
29. a.	ass, arse	el culo, ~~ganapán, marrón~~
b.	can (backside)	el trasero (traste, pompis)
30.	they have him by the balls	va de culo *, va de crónico*
31.	to have a shitty disposition	tener mala leche, mala uva, ~~mal café~~
32.	to play with oneself	hacerse una paja, meneársela, ~~cascársela~~
33.	he balled it up, screwed it up	hacerse de la picha un lío
34.	rubber, trojan	un tubo, condón
35.	a pimp	chulo, macarra, caficho
36.	to fart, pass wind	tirarse un pedo (*pío*)
37.	cunt, piece	el coño, higo, la figa, la concha, cajeta
38.	to brown s.o.'s nose	lamer el culo, chupar el culo
39. a.	a bastard	hijo de puta, de perra, bastardo, cabrón
b.	a stinker, louse	cochino, marrano, cerdo
c.	son of a bitch, mother-fucking bastard	imaricón de mierda!
40.	to go down on s.o., to blow s.o.	dar una mamada, una pilonada chuparla

161

41.	shit!, suck!	¡joder!, ¡mierda!, ¡jo . . . !, jolín!
42. a.	to be top-heavy	tener el pecho caído
b.	to be flat-chested	estar como una tabla
43.	she's knocked around	es más puta que las gallinas
44.	I'll be damed if . . .	mal rayo me parta si . . .
45.	lousy, crappy, shitty	es una porquería, asqueroso, un asco, una mierda
46. a.	to have the curse	estar con el mes
b.	sanitary towel (UK) napkin (US)	(una compresa)
47.	to beat the shit out of s.o.	dar una hostia, la leche _una palega_
48. a.	crap!	¡coño!
b.	that's a lot of shit	es una chorrada, boludezes pavadas
49.	to have a hard on	levantársela a uno, ponérsele tiesa, presentar armas, pasársela
50.	to drag one's ass	arrastrar el chasis
51.	he made her, had her	pasó por la piedra
52.	it is a fucking riot	descojonarse, mearse de risa
53.	a tease	una mujer provocativa, una calienta pichas, calienta pollas/hombres
54.	I don't give a damn, a shit	me la trae floja
55.	to feel s.o. up	meneársela más que un mono, como un enano
56.	to be hot, all hot and bothered	estar caliente, calentona, calentorra, cachonda
57.	to neck	darse un morreo, morrearse, darse los morros, besuquearse
58. a.	to be an easy lay	ser una mujer fácil, calentona, una chica tirada/ muy sobada
b.	she's a good lay	es una jodedora de primera
59.	to be ac-dc, swing both ways	es una bufa, bufarrón, pa' los dos lados, para atrás y adelante
60.	he has a one-track mind	piensa sólo en eso, se hace pajas mentales, es un caliente mental, un pajero mental
61.	he's fucking/screwing with me	me lo paso por el culo, se caga en mí, se sienta en mí
62.	to be a lucky bastard	tener chorra